Katrin Minner

W0085686

Stadt	Land	Fluss	Punkte
Rio de Janeiro	Rumänien	Rhein	15
Augsburg	Andorra	Amazonas	20
Mailand	Marokko	Mississippi	15
Goslar	Georgien	Ganges	15
St. Petersburg	Schweden	Seine	20
Essen	Equador	Ems	30

Spiele zur Unterrichtsgestaltung

Erdkunde

Verlag an der Ruhr

Impressum

Titel
Spiele zur Unterrichtsgestaltung – Erdkunde

Autorin
Katrin Minner

Titelbildmotive
Teepflücker in Malaysia: © Inga Deventer; Tornado: © Daniel Loretto – Fotolia.com;
Mount Everest: © Daniel Prudek – Fotolia.com; Boote: © Dagmar Richardt – Fotolia.com;
Weltkugel: © Pixelwolf – Fotolia.com; Stadt/Land/Fluss: © Verlag an der Ruhr;
New York: © Mario Savoia – Fotolia.com

Kapitelmotive
Kapitel 1: © kimbalinchen – Fotolia.com; Kapitel 2: © Franz Haindl/PIXELIO; Kapitel 3: © Katharina Wieland
Müller/PIXELIO; Kapitel 4: © Martina Berg – Fotolia.com; Kapitel 5: © World Images – Fotolia.com; Kapitel 6:
© Elnur – Fotolia.com; Kapitel 7: © Inga Deventer; Kapitel 8: © boscopics – Fotolia.com; Kapitel 9: © Thorsten Schmitt – Fotolia.com; Kapitel 10: © Alexandra H./PIXELIO; Kapitel 11: © Inga Deventer

Illustrationen
S. 55, 76 und 102: Norbert Höveler; S. 100: Alex Ciopata – Fotolia.com

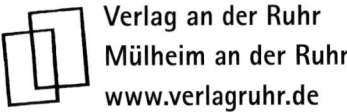

Verlag an der Ruhr
Mülheim an der Ruhr
www.verlagruhr.de

Geeignet für die Klassen 5 – 13

Unser Beitrag zum Umweltschutz:
Wir sind seit 2008 ein ÖKOPROFIT®-Betrieb und setzen uns damit aktiv für den Umweltschutz ein.
Das ÖKOPROFIT®-Projekt unterstützt Betriebe dabei, die Umwelt durch nachhaltiges Wirtschaften
zu entlasten. Unsere Produkte sind grundsätzlich auf chlorfrei gebleichtes und nach Umweltschutzstandards
zertifiziertes Papier gedruckt.

Urheberrechtlicher Hinweis:
Das Werk und seine Teile sind urheberrechtlich geschützt. Jede Verwendung in anderen als den gesetzlich zugelassenen
Fällen bedarf der vorherigen schriftlichen Einwilligung des Verlages. Im Werk vorhandene Kopiervorlagen dürfen vervielfältigt werden, allerdings nur für jeden Schüler der eigenen Klasse/des eigenen Kurses. Die dazu notwendigen Informationen (Buchtitel, Verlag und Autor) haben wir für Sie als Service bereits mit eingedruckt. Diese Angaben dürfen weder verändert noch entfernt werden. Die Weitergabe von Kopiervorlagen oder Kopien (auch von Ihnen veränderte) an Kollegen,
Eltern oder Schüler anderer Klassen/Kurse ist nicht gestattet.
Bitte beachten Sie bzgl. digitaler Kopien die Informationen unter www.schulbuchkopie.de.
Der Verlag untersagt ausdrücklich das Herstellen von digitalen Kopien, das digitale Speichern und Zurverfügungstellen
dieser Materialien in Netzwerken (das gilt auch für Intranets von Schulen und sonstigen Bildungseinrichtungen),
per E-Mail, Internet oder sonstigen elektronischen Medien.
Kein Verleih. Keine gewerbliche Nutzung.
Zuwiderhandlungen werden zivil- und strafrechtlich verfolgt.

© **Verlag an der Ruhr 2012**
ISBN 978-3-8346-2281-5

Printed in Germany

Inhaltsverzeichnis

Inhaltsverzeichnis

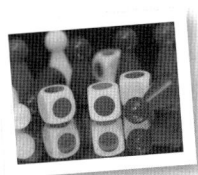

Vorwort und didaktische Hinweise

Spielen macht Spaß!

Spielen begeistert Groß und Klein. In Gesellschaft mit- oder gegeneinander fiebern, gemeinsam Spaß haben, und vielleicht am Ende sogar als Sieger nach Hause gehen – das ist das, was Spielen ausmacht.

Warum im Unterricht spielen?

Ganz klar, hier geht es nicht einfach nur darum, Langeweile vorzubeugen, es werden vor allem Fähigkeiten und Fertigkeiten gefördert, die im normalen Unterrichtsalltag häufig verloren gehen. Beim Spielen ist der Schüler* in verschiedener Hinsicht gefordert: Er muss zunächst das Spiel verstehen, bevor er es spielt. Er muss die Regeln kennen und sie einhalten, er muss mit seinen Mitschülern kommunizieren und kooperieren. Er muss Rückschlüsse ziehen, kombinieren, argumentieren, seine Fähigkeiten richtig einsetzen lernen – und das alles in der vorgegebenen Spielzeit. Will der Schüler das Spiel nicht verlieren, muss er außerdem wach und aufmerksam sein, und zwar von der ersten Minute an.
Darüber hinaus ermöglichen Spiele im Unterricht eine abwechslungsreiche, motivierende Herangehensweise an den Lernstoff. Die Schüler können neues Wissen erwerben, bereits erworbenes Gewinn bringend einsetzen und beides durch kreatives Verknüpfen nachhaltig festigen. Ganz nebenbei trainieren sie auch ihre Urteils-, Methoden- und Handlungskompetenz. Und bei alledem lernen die Schüler nicht nur mit-, sondern auch voneinander!

Die Spiele in diesem Buch

Die hier vorgestellten Spiele wurden speziell für das Fach Erdkunde in der Sekundarstufe I und II zusammengetragen. Dabei ist eine bunte Mischung entstanden aus spezifischen Geografie-Spielen sowie verschiedenen Spielen aus der Jugendarbeit und dem Schulalltag, die umgewandelt und auf den Erdkundeunterricht und seine geografischen Themen und Fragestellungen zugeschnitten wurden. Es kann mit Bewegungsspielen und unter Zeitdruck stehenden Teams turbulent und auch mal laut zugehen – oder aber die Schüler setzen sich einzeln oder zu zweit eher ruhig und nachdenklich auf kreative Weise mit einem Thema auseinander. Ebenso bietet der Band einen Querschnitt von den klassischen, altbewährten Topografie-Spielen bis hin zu verschiedenen der modernen Spiele- und Geografie-Didaktik entstammenden Methoden, die aktuell in Literatur und Fachzeitschriften diskutiert werden.

---

* Aus Gründen der besseren Lesbarkeit haben wir in diesem Buch durchgehend die männliche Form verwendet. Natürlich sind damit auch immer Frauen und Mädchen gemeint, also Lehrerinnen, Schülerinnen etc.

An dieser Stelle möchte ich insbesondere auf den „Thinking through Geography"-Ansatz – „Denken lernen mit Geographie", kurz TTG – zu sprechen kommen. Hintergrund dieser Methode ist das Bestreben, die Schüler dazu zu bewegen, sich aktiv und dadurch nachhaltig mit geografischen Zusammenhängen und Fragestellungen auseinanderzusetzen. Die gestellten Aufgaben haben in der Regel nicht nur eine Lösung. Sie sind bewusst offen gestaltet und erfordern daher von der Lerngruppe, gemeinsam verschiedene Lösungsmöglichkeiten zu diskutieren und sich schließlich auf einen Lösungsweg zu einigen. So liegt ein Schwerpunkt auf der Förderung der Teamfähigkeit und des problemlösenden Denkens. Dabei entstammen die Themen und Beispiele der realen Welt, was zu einem großen Lebensweltbezug der Aufgaben führt. Sie sind häufig etwas knifflig, sodass die Schüler wirklich knobeln und kreativ um die Ecke denken müssen, um eine Lösung zu finden. Bei alledem spielt auch immer das Versprachlichen von Sachverhalten und Problemen eine Rolle. Die Schüler müssen ihre Meinung vertreten, argumentieren, andere Positionen einnehmen und Ergebnisse präsentieren.

Nähere Informationen zu dem TTG-Konzept finden Sie in

Vankan, Leon (Hrsg.), Rohwer, Gertrude und Schuler, Stephan:
Diercke Methoden – Denken lernen mit Geographie
Westermann, 2011
ISBN 978-3-14-109720-7

Aufbau der Spiele und Hinweise zum Einsatz im Unterricht

Jedes Spiel beginnt mit einem grau hinterlegten **Infokasten**, in dem Sie auf einen Blick die wichtigsten Eckdaten finden: Neben den Angaben zu Thema und Lernzielen stehen dort auch ganz praktische Hinweise auf den Zeit- und Materialbedarf, auf die Teilnehmer bzw. Sozialform und auf die Klassenstufe, für die das jeweilige Spiel sich vorrangig eignet. Dies dient dazu, dass Sie sich schnell einen Überblick verschaffen und passgenau das richtige Spiel aussuchen können, das Sie für Ihre Lerngruppe gerade brauchen.

 Darunter folgt die eigentliche **Spielbeschreibung**. Sie beschreibt Schritt für Schritt, welche Vorbereitungen notwendig sind und wie das Spiel funktioniert. Dabei werden Verlauf und Gestaltung des Spiels häufig durch Beispiele veranschaulicht. An dieser Stelle möchte ich darauf hinweisen, dass es unbedingt wichtig ist, die Spielregeln mit den Schülern vorab genau abzusprechen.

 Nach der Spielbeschreibung folgen eventuelle **Variationsmöglichkeiten**, die insbesondere auch Tipps zur (Binnen-)Differenzierung geben. Nicht selten wird der Schwierigkeitsgrad eines Spiels der Lerngruppe schon allein durch das individuell einsetzbare Thema angepasst, jedoch finden Sie hier noch einmal zusätzliche Anregungen und Ideen, wie Sie schwächere Schüler mit ins Boot holen oder stärkere fordern können.

Vorwort und didaktische Hinweise

 Schließlich stehen am Ende eines jeden Spiels Vorschläge für die **Reflexionsphase**. Eine solche Phase ist immer sinnvoll, denn die Schüler sollen verstehen lernen, dass das Spielen nicht nur Spaß macht, sondern dass sie dadurch ihr Wissen vertiefen und erweitern können. Außerdem sollen sie erkennen, dass das Spielen die Urteils- und Handlungskompetenz sowie die Kommunikationsfähigkeit und die soziale Kompetenz fördert.

Grundsätzlich wurde darauf geachtet, dass die Spiele so wenig Materialaufwand und Vorbereitungszeit wie möglich benötigen. Die meisten von ihnen sind unkompliziert einsetzbar und können vor allem flexibel an das aktuelle Unterrichtsthema angepasst werden. Dies hat den Vorteil, dass diese Spielesammlung sozusagen nie „ausgespielt" ist, sondern Ihnen immer wieder aufs Neue als Fundgrube dienen kann. An einigen Stellen finden Sie auch konkrete Tipps, wie Sie – oder Ihre Schüler – selbst ein Spiel entwickeln können. Der Kreativität und Fantasie sind hier keine Grenzen gesetzt!
Des Weiteren sind die Spiele „aus der Praxis für die Praxis". Viele von ihnen gehören bei uns im Unterricht schon zu den bewährten Klassikern; andere habe ich erst beim Schreiben dieses Buches neu ausprobiert und – auch auf Anregungen der Schüler hin – optimiert.

Meinen Schülern und mir bereitet das Spielen im Unterricht stets viel Freude. Die Schüler haben bisher immer viel Spaß gehabt und außerdem festgestellt, dass sie auf spielerische Art und Weise einiges gelernt haben, was man im konventionellen Unterricht nicht lernen kann. Sie werden feststellen, dass die Schüler sich immer wieder Spiele (vielleicht sogar Lieblingsspiele) wünschen werden – nehmen Sie sich die Zeit, es lohnt sich!

Katrin Minner

Atlasrennen

Topografie-Wettkämpfe

Thema: Topografie Deutschlands, Europas und der Welt	**Klasse:** 5–13
Ziel: ▶ sich topografisch in Deutschland, Europa und der Welt zu orientieren ▶ mit Zeitdruck umgehen ▶ Atlasarbeit (mit Hilfe des Registers Orte finden)	**Dauer:** ca. 15 Minuten, beliebig ausdehnbar **Teilnehmer:** ganze Klasse, in zwei Gruppen **Material:** zwei Atlanten

Beschreibung

Vorbereitung: Der Lehrer legt zwei Atlanten auf das Pult. Außerdem überlegt er sich geografische Orte (Städte, Flüsse, Gebirge), die die Schüler im Atlas finden sollen. Die Klasse wird nun in zwei Gruppen A und B eingeteilt (z.B. Tür- vs. Fensterseite). Die Schüler bilden zwei Stuhlreihen, sodass sich die Schüler der beiden Gruppen gegenüber sitzen. Wichtig ist, dass die Anzahl der Schüler in den beiden Gruppen gerade ist. So ist gewährleistet, dass jeder Schüler einmal an die Reihe kommt (wenn es nicht aufgeht, kann ein „überschüssiger" Schüler die Rolle des Spielleiters übernehmen). Jetzt nummeriert der Lehrer die Schüler der Gruppe A von 1 bis ... durch und verfährt ebenso mit der Gruppe B.

Durchführung: Der Lehrer nennt einen geografischen Ort und ruft gleichzeitig das Paar auf, welches gegeneinander spielt. Beispiel: „Antananarivo, Paar Nr. 2!" Die beiden Kandidaten laufen zum Pult und versuchen, so schnell wie möglich den genannten Ort im Atlas zu finden. Wer den Ort zuerst gefunden hat, ruft „Stopp!" und beschreibt seinen Mitschülern die Lage des Ortes (Kontinent, Land, nördlich/südlich/... von ...). Für seine Mannschaft wird ein Punkt an der Tafel notiert. Anschließend benennt der Lehrer den nächsten Ort und die nächste Paarung. Es wird so lange gespielt, bis jeder Schüler einmal an der Reihe war. Die Mannschaft, die am Ende die meisten Punkte bekommen hat, gewinnt.

Variante

Die Schüler können die zu suchenden Orte vorab auch selbst bestimmen. Dazu schreibt jeder zwei bis drei Vorschläge auf kleine Zettel. Diese werden vom Spielleiter gesammelt und gut gemischt, bevor er daraus für jede neue Runde einen Zettel zieht.

Reflexion

Diskutieren Sie im Anschluss an das Spiel mit der Klasse folgende Fragen:
- ▶ Warum waren bekannte Orte leichter zu finden als unbekannte?
- ▶ Gibt es Tricks, wie man bestimmte Orte noch schneller im Atlas finden kann?

Quelle: vgl. Boonstra, Robert: Energizer im Geografieunterricht, in: Praxis Geographie: Spielend Lernen – Neue Spiele für den Geographieunterricht, Westermann, Ausgabe Juli/August 2010, S. 27–29

Immer wieder samstags ...

Topografie-Wettkämpfe

Thema:	Fußballvereine topografisch verorten	**Klasse:**	5–10
Ziel:	▶ topografische Orientierung ▶ Umgang mit dem Atlas ▶ Tabellen lesen und Informationen entnehmen ▶ Vorwissen abrufen ▶ unter Zeitdruck Aufgaben lösen	**Dauer:**	ca. 25 Minuten
		Teilnehmer:	ganze Klasse, in 4er-Gruppen
		Material:	stumme Karte von Deutschland, Atlanten, aktuelle Tabelle der Fußballbundesliga und aktueller Spielplan (mit Heim/Gast-Angaben)

Beschreibung

Vorbereitung: Per Zufallsprinzip wird die Klasse in 4er-Gruppen eingeteilt. Jede Gruppe bekommt einen Atlas, eine stumme Karte von Deutschland und die aktuelle Bundesliga-Tabelle samt Spielplan.

Dann erklärt der Lehrer den Schülern die Ausgangssituation:

„Bald ist wieder Bundesliga-Wochenende, und euer Lieblingsverein spielt gegen den Top-Favoriten. Ein Freund hat Karten für euch besorgt, aber ihr wisst nicht, wo das Spiel stattfinden wird. Also nehmt ihr euch den Atlas sowie die aktuelle Tabelle und den aktuellen Spielplan und informiert euch über die Begegnungen des kommenden Wochenendes. Außerdem verschafft ihr euch einen Überblick darüber, wo die 18 Vereine eigentlich alle herkommen."

Durchführung: Nach dem „Anpfiff" (oder sonstigem Startsignal) versuchen die Schüler innerhalb der Gruppen gemeinsam, zunächst alle 18 Orte der Vereine in die stumme Karte einzutragen. Außerdem werden die Spielorte des kommenden Wochenendes zusätzlich markiert.

Wer zuerst fertig ist, ruft „Stopp!" – von da an dürfen die anderen Gruppen nicht mehr weitermachen. Die schnellste Gruppe stellt nun ihre Lösungen vor, und alle vergleichen ihre Ergebnisse. Für jeden richtig eingezeichneten Ort gibt es einen Punkt, und die richtigen Markierungen der kommenden Spielorte bringen je einen halben Punkt. Gewonnen hat die Gruppe, die am Ende die meisten Punkte erzielt hat.

Tipp: Zur gemeinsamen Überprüfung bietet es sich an, die stumme Karte per OHP oder Whiteboard zur Kontrolle an die Wand zu projizieren. Die Gruppe, die zuerst fertiggeworden ist, zeichnet dort ihre Ergebnisse ein.

Immer wieder samstags ...

Topografie-Wettkämpfe

Varianten

▶ Das Spiel funktioniert natürlich auch als Partnerarbeit – es werden dann allerdings mehr Atlanten, Karten und Tabellen benötigt.

▶ Statt alle 18 Vereine einzutragen, können die Schüler auch versuchen, so schnell wie möglich alle Bundesligisten ihres Bundeslandes in die Karte einzutragen.

▶ Das Spiel lässt sich auch auf Europa oder die Welt ausdehnen: Dazu müssen die Schüler alle Teilnehmerländer der nächsten EM bzw. WM im Atlas suchen (hier werden natürlich die entsprechenden stummen Karten und Spielpläne benötigt).

Reflexion

Diskutieren Sie im Anschluss an das Spiel mit der Klasse folgende Fragen:

▶ Wie hat euch das Spiel gefallen? Warum?

▶ Wo lagen die Schwierigkeiten?

▶ Ist dieses Spiel nur für Fußballbegeisterte?

▶ Hat euer Vorwissen euch geholfen?

Die chinesische Mauer

Topografie–Wettkämpfe

Thema:	Landeskunde China – alternativ auch auf andere Länder anwendbar	Klasse:	5–13

Thema: Landeskunde China – alternativ
auch auf andere Länder anwendbar

Ziele: ▶ Orte im Atlas finden
▶ unter Zeitdruck konzentriert
arbeiten

Klasse: 5–13

Dauer: ca. 10–20 Minuten

Teilnehmer: ganze Klasse, in Paaren

Material: Atlanten, Zettel
(ggf. mit Mauer-Vorlage)

Beschreibung

Vorbereitung: Die Schüler arbeiten paarweise zusammen. Jedes Paar erhält einen Atlas und einen Bogen Papier. Darauf zeichnen sie eine Mauer (wie im Beispiel unten) mit leeren Mauersteinen (alternativ kann auch eine fertige Vorlage ausgeteilt werden). Schließlich wird ein Zeitwächter bestimmt, der die Zeit stoppt.

Durchführung: Der Zeitwächter gibt das Startsignal. Die Schülerpaare haben jetzt die Aufgabe, innerhalb der vorgegebenen Zeit (bspw. 15 Minuten; höhere Klassen sind i.d.R. schneller und brauchen nur 5 oder 10 Minuten) so viele Städte, Flüsse, Gebirge und Seen zu China aus dem Atlas zu suchen wie möglich. Die Namen tragen sie nach und nach von links nach rechts in die leere Vorlage ein. Das Paar, das nach Ablauf der Zeit die längste Mauer „gebaut" hat, ist Sieger.

BEISPIEL:

	Jangtsekiang		Hongkong		Xi-an		...			
	Himalaja		Peking		Große Ebene		Gelbes Meer		...	
		Mekong		Xi-jang		Tarimbecken		Shanghai		...

Varianten

▶ Mögliche Einschränkungen: Es dürfen nur Städtenamen verwendet werden; der Lehrer gibt eine bestimmte Atlaskarte vor.
▶ Man kann die Mauer auch mit anderen geografischen Begriffen „bauen", die eventuell gerade aus dem aktuellen Unterrichtsgeschehen erwachsen.

Reflexion

Diskutieren Sie im Anschluss an das Spiel mit der Klasse folgende Fragen:
▶ Was habt ihr durch dieses Spiel gelernt?
▶ Wie seid ihr mit dem Zeitdruck zurechtgekommen?
▶ Hättet ihr eventuell Hilfestellung gebrauchen können? Welcher Art?

„Stadt–Land–Fluss" kontinental

Topografie-Wettkämpfe

| Thema: | Länderkunde, Allgemeinwissen, Topografie der Welt | Dauer: | individuell planbar; sowohl als kurzer Einstieg, etwas längere Wiederholung oder auch über eine ganze Stunde denkbar |

Thema: Länderkunde, Allgemeinwissen, Topografie der Welt

Ziel: ▶ länderkundliches Wissen abrufen, verknüpfen und erweitern
▶ unter Zeitdruck arbeiten

Klasse: 5–10 (bei jüngeren Schülern bietet sich die Hilfestellung in Form von Atlasarbeit an, siehe Variante)

Dauer: individuell planbar; sowohl als kurzer Einstieg, etwas längere Wiederholung oder auch über eine ganze Stunde denkbar

Teilnehmer: ganze Klasse

Material: Zettel und Stifte

Beschreibung

Dieses Spiel folgt dem altbekannten „Stadt-Land-Fluss", allerdings werden die Themenbereiche um die Kontinente der Welt erweitert, was das Ganze etwas anspruchsvoller macht. Hier geht es darum, passend zum vorgegebenen Buchstaben einen Begriff, eine Bevölkerungsgruppe, ein Land oder eine Stadt etc. zu den verschiedenen Kontinenten zu finden. Es können auch Begriffe sein, die stellvertretend für den Kontinent stehen.

BEISPIEL – Buchstabe I:

Stadt	Land	Fluss	Europa	Nord-amerika	Süd-amerika	Afrika	Asien	Austra-lien	Punkte
Iserlohn	Island	Inn	Italiener	Indianer	Inka	Impala	Ingwer	Indischer Ozean	

Vorbereitung: Zunächst müssen mit Stift und Lineal Spielvorlagen erstellt (oder vorgefertigt ausgeteilt) werden. Dann werden per Zufallsprinzip zwei Schüler ausgewählt. Einer von beiden hat die Aufgabe, leise das Alphabet zu „flüstern". Der andere Schüler muss mit dem Signal „Stopp!" das Aufsagen des Alphabets beenden und bestimmt somit den Buchstaben für die erste Runde.

Durchführung: Der Schüler beginnt mit dem leisen Aufsagen des Alphabets. Der andere Schüler beendet dieses durch ein „Stoppsignal". Der so ermittelte Buchstabe wird laut genannt oder an die Tafel geschrieben, damit jeder in der Klasse weiß, mit welchem Buchstaben die gesuchten Begriffe beginnen müssen. Alle versuchen nun, so schnell wie möglich ihre Tabelle zu füllen. Dabei sollte die Regel gelten, dass ein (verwandter) Begriff nicht mehrfach aufgeschrieben werden darf (wer als Land „Italien" notiert, darf bei Europa nicht auch „Italiener" schreiben).

Wer zuerst alle Begriffe gefunden hat, ruft laut „Stopp!" und beendet damit die Runde. Er nennt seine Begriffe, und alle Schüler vergleichen ihre Ergebnisse.

„Stadt-Land-Fluss" kontinental

Topografie-Wettkämpfe

BEWERTUNG: Haben auch andere Schüler den Begriff, den er nennt, in der gleichen Spalte stehen, gibt es 5 Punkte. Hat jemand in einem Feld einen Begriff, den niemand sonst hat, erhält derjenige 10 Punkte. Hat der Schüler, der am schnellsten war, als Einziger ein Feld ausgefüllt, bekommt er dafür 15 Punkte. Jedes leere Feld gibt 0 Punkte. Pro Runde addiert jeder Schüler seine Punkte in der ganz rechten Spalte.

Danach wird für die nächste Runde ein neuer Buchstabe ermittelt (hierfür kann ein neues Schülerpaar bestimmt werden), und das Spiel beginnt von vorne. Am Ende hat derjenige gewonnen, der insgesamt die meisten Punkte hat.

Varianten

▶ Die Themenbereiche der Spalten können natürlich verändert und an die aktuelle Unterrichtsreihe angepasst werden.
▶ Differenzierungsmöglichkeit: Wenn dieses Spiel für die Schüler zu schwer ist, kann man ihnen Atlanten als Hilfestellung an die Hand geben. Hier können sie im Register nach entsprechenden Orten suchen und trainieren darüber hinaus noch den Umgang mit dem Atlas.

Reflexion

Diskutieren Sie im Anschluss an das Spiel mit Ihrer Klasse folgende Fragen:
▶ Wie seid ihr mit dem Zeitdruck zurechtgekommen?
▶ Bei welchen Buchstaben gab es besondere Schwierigkeiten?
  Bei welchen Buchstaben war es einfach, Begriffe zu finden?
▶ Wie würdet ihr euch das nächste Mal auf dieses Spiel vorbereiten?

Topografischer Schnelligkeitsrekord

Topografie-Wettkämpfe

Thema: Topografie allgemein oder für eine bestimmte Region	**Klasse:** 5–10
	Dauer: beliebig ausdehnbar
Ziel: ▶ topografisches Wissen abrufen und festigen ▶ mit Zeitdruck umgehen	**Teilnehmer:** ganze Klasse, in zwei Gruppen
	Material: Stoppuhr

Beschreibung

Vorbereitung: Der Lehrer teilt die Klasse in zwei Gruppen auf und fordert diese auf, jeweils einen Sitzkreis zu bilden (es geht aber auch genauso gut im Stehen). Es wird ausgelost, welche Gruppe beginnt und wer der Startspieler je Gruppe ist.

Durchführung: Nun nennt der Lehrer das erste Thema, z.B. „Flüsse der Welt", und stoppt die Zeit. Der erste Schüler der Beginner-Gruppe nennt den Namen eines beliebigen Flusses. Danach nennt sein rechter Nachbar einen Fluss usw. Dabei darf kein Fluss doppelt genannt werden – darauf achtet die andere Gruppe. Sobald die „Fluss-Kette" wieder am Startspieler angekommen ist, wird die Zeit genommen. Nun ist die andere Gruppe an der Reihe: Der Lehrer nennt ein neues – ähnlich schwieriges – Thema (z.B. „Hauptstädte Europas"), und die Schüler versuchen, so schnell wie möglich einmal im Kreis Hauptstädte zu nennen. Die Gruppe, die schneller war, bekommt einen Punkt.
Das Team, das am Ende (nach beliebig vielen Runden) die meisten Punkte erspielt hat, hat gewonnen.

Variante

Differenzierungsmöglichkeiten: Je nach Jahrgangsstufe kann der Schwierigkeitsgrad verändert werden – „Länder Europas" sind einfacher als „Flüsse Afrikas".
Außerdem kann den Schülern erlaubt werden, einen Atlas zu Hilfe zu nehmen.

Reflexion

Diskutieren Sie im Anschluss an das Spiel mit Ihrer Klasse folgende Fragen:
▶ Was habt ihr während des Spiels gelernt?
▶ Was war die größte Schwierigkeit?
▶ Wie würdet ihr euch das nächste Mal auf dieses Spiel vorbereiten?

Atlasbeweise

Topografie–Wettkämpfe

Thema:	Topografie, geografisches Allgemeinwissen	**Klasse:**	5–10
Ziel:	▶ den Wahrheitsgehalt von Aussagen beurteilen ▶ Wissen einbringen und festigen	**Dauer:**	ca. 25 Minuten
		Teilnehmer:	ganze Klasse, in 4er-Gruppen
		Material:	Atlanten, Papier und Stifte

Beschreibung

Mit diesem Spiel können die Schüler sich selbst auf die Probe stellen und einmal testen, wie gut sie sich in Topografie und im Atlas auskennen. Es geht auch darum, ein wenig zu bluffen. Es werden Behauptungen aufgestellt, und die Mitspieler müssen herausfinden, ob sie wahr oder falsch sind.

Vorbereitung: Der Lehrer teilt die Klasse per Zufallsprinzip in 4er-Gruppen ein. Jede Gruppe bekommt einen Atlas. Außerdem benötigt jeder Schüler Papier und einen Stift. Damit das Spiel nicht zu offen ist, kann der Lehrer auch den Themenbereich einschränken (z.B. auf die Topografie Deutschlands, Flüsse der Welt etc.).

Durchführung: Vor Beginn des Spieles wird die Anzahl der Runden, die gespielt werden sollen, festgelegt, z.B. acht. Der jüngste Spieler innerhalb jeder Gruppe beginnt. Er nimmt sich den Atlas und stellt mit dessen Hilfe eine Behauptung auf, z.B. „Die Ruhr fließt durch Duisburg." (Den Atlas legt er geschlossen wieder zur Seite.) Er nimmt einen der anderen Mitspieler an die Reihe, der nun sagen muss, ob die Behauptung wahr oder falsch ist. Um seine Antwort beweisen (und kontrollieren) zu können, nimmt der auf die Probe gestellte Schüler den Atlas und beweist seine Antwort. In diesem Fall schlägt er die entsprechende Seite im Atlas auf, in der Duisburg und die Ruhr abgebildet sind. Dadurch kann er beweisen, dass die Ruhr tatsächlich durch Duisburg fließt. Nun darf er eine neue Behauptung aufstellen und damit einen anderen Mitspieler auf die Probe stellen. Beurteilt ein Schüler eine Behauptung als falsch, muss er auch dies im Atlas beweisen. Wird bspw. behauptet, Frankfurt läge in Nordrhein-Westfalen, muss der Schüler eine Karte im Atlas heraussuchen, die zeigt, dass die Stadt in Hessen liegt – sozusagen als Gegenbeweis.
Für jeden richtigen (Gegen-)Beweis bekommt der jeweilige Schüler einen Punkt. Wer nach der vereinbarten Rundenzahl die meisten Punkte hat, hat gewonnen.

Reflexion

Diskutieren Sie im Anschluss an das Spiel mit Ihrer Klasse folgende Fragen:
- ▶ Was habt ihr in diesem Spiel gelernt?
- ▶ In welchen Bereichen wart ihr sicher? Welche Bereiche müsst ihr noch mal üben?
- ▶ Habt ihr schnell die passenden Seiten im Atlas gefunden, um eure These zu beweisen?

Es war einmal ...
Legenden erzählen Legenden

Karte und Co.

Thema: Symbole und Legenden	**Klasse:** 5–7
Ziel: ▸ Wiederholung und Anwendung kartografischer Symbole ▸ sprachliche Rekonstruktion der dargestellten Landschaft ▸ Förderung der Kreativität	**Dauer:** ca. 30 Minuten
	Teilnehmer: ganze Klasse, in Paaren
	Material: Atlanten oder verschiedene physische Karten, Zettel und Stifte

Beschreibung

Vorbereitung: Die Schüler tun sich paarweise zusammen. Jeder Schüler bekommt einen Atlas oder eine andere Karte, auf der eine Legende mit Symbolen abgebildet ist. Die beiden Partner sollten nach Möglichkeit mit unterschiedlichen Karten arbeiten.

Durchführung: Die Schüler schauen sich die Legende ihrer Karten genau an und zeichnen mindestens sechs verschiedene Symbole nebeneinander auf ein Blatt Papier ab (über die (Mindest-)Anzahl der Symbole sollte sich vorher besprochen werden).

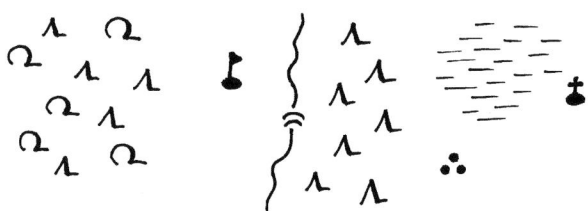

Anschließend formulieren sie den Beginn einer kleinen Geschichte.
Beispiel: „Eines schönen Tages ging Christian durch einen Mischwald, als er plötzlich an einer alten Burg vorbeikam, die er zuvor noch nie gesehen hatte. In der Nähe befand sich ein kleiner Bach, über den eine schmale Brücke führte. Neugierig ging er näher auf das Gebäude zu ...“
Dann tauschen die Partner ihre Zettel, und jeder versucht, die Geschichte anhand der Symbole weiterzuspinnen.

Variante

Start- und Zielpunkt werden auf den Karten vom Lehrer festgelegt. Die Schüler müssen dann in ihrer Geschichte die Landschaft auf dem Weg von A nach B beschreiben.

Reflexion

Diskutieren Sie im Anschluss an das Spiel mit der Klasse folgende Fragen:
▸ Was habt ihr in diesem Spiel gelernt?
▸ Gab es Symbole, die ihr noch nicht kanntet?
▸ Konntet ihr euch die dargestellte Landschaft gut vorstellen?

Luftlinie

Thema:	Maßstäbe und Entfernungen	**Dauer:**	ca. 25–35 Minuten
Ziel:	▶ Umgang mit dem Maßstab üben ▶ Strecken und Entfernungen messen und berechnen	**Teilnehmer:**	ganze Klassen, in 4er-Gruppen
		Material:	Atlanten, Bindfäden, Stifte, ggf. Lineale und Taschenrechner
Klasse:	5–7		

Beschreibung

In diesem Spiel geht es darum, so schnell wie möglich die Entfernung zwischen zwei Orten zu ermitteln.

Vorbereitung: Der Lehrer teilt die Klasse per Zufallsprinzip in 4er-Gruppen ein.
Je zwei Schüler spielen innerhalb einer Gruppe gegeneinander.
Diese 2er-Gruppen bekommen je einen Atlas, einen Bindfaden und ein Lineal.
Der Lehrer schreibt anschließend verschiedene Start-/Zielort-Paarungen an die Tafel
(z.B. Paris–Marseille), die die Schüler auf einen Zettel übertragen.

Durchführung: Auf ein Signal hin beginnen die Schüler nun, die Entfernungen zu ermitteln. Dazu schlagen sie die Orte im Atlas nach, messen mit dem Bindfaden die Strecke ab und errechnen mit Hilfe des auf der Karte angegebenen Maßstabs die Entfernung (wenn nur die Maßstabszahl angegeben ist, sind außerdem ein Lineal und ein Taschenrechner nötig, um den Bindfaden zu messen und die Entfernung zu errechnen). Die Ergebnisse schreiben sie auf den Zettel.
Nach einer vorher festgelegten Zeit (z.B. 25 Minuten) beendet der Lehrer das Spiel. Beim Vergleich der Ergebnisse gibt es 10 Punkte pro richtiger Berechnung. Gewonnen hat das Team, welches am Ende die meisten Punkte erspielt hat.

Variante

Die Schüler schreiben selbst verschiedene Ortspaare auf, deren Entfernung das gegnerische Team anschließend berechnen muss.

Reflexion

Diskutieren Sie im Anschluss an das Spiel mit der Klasse folgende Fragen:
- ▶ Wie hat euch das Spiel gefallen? Warum?
- ▶ Was habt ihr gelernt? Was nehmt ihr mit?
- ▶ Konntet ihr gut mit dem Zeitdruck umgehen?
- ▶ Wo lagen besondere Schwierigkeiten?

Traumschiff

Karte und Co.

Thema:	Orientierung im Gradnetz der Erde	**Dauer:**	ca. 25 Minuten, beliebig ausdehnbar
Ziel:	▶ mit Hilfe von Gradangaben Orte im Atlas suchen	**Teilnehmer:**	ganze Klasse, in 4er-Gruppen
		Material:	Atlanten
Klasse:	5–8		

Beschreibung

Vorbereitung: Der Lehrer teilt die Klasse in 4er-Gruppen ein und gibt jeder Gruppe zwei Atlanten. Immer zwei Schüler spielen zusammen gegen die anderen zwei der Gruppe. Nun erklärt der Lehrer die Ausgangssituation: „Das Traumschiff sticht wieder in See und ist unterwegs zu den beliebtesten Urlaubszielen der Welt. Ihr habt einen Urlaub auf dem Kreuzfahrtschiff gewonnen, allerdings habt ihr die Abreise verschlafen und müsst euch auf eigene Faust auf den Weg machen und das Traumschiff verfolgen. Der Kapitän gibt euch dafür die geografische Lage der verschiedenen Etappen per Funk durch. Anhand dieser Daten ist es eure Aufgabe, die Route der ‚MS Deutschland' nachzuvollziehen."
Der Lehrer bestimmt den Start- und Zielhafen (z.B. von Hamburg nach Helsinki).

Durchführung: Die beiden Paare schlagen die Häfen im Atlas nach und überlegen sich jeweils acht Etappen bzw. Zwischenstopps, die auf dieser Strecke liegen. Sie schreiben die geografische Lage dieser Orte auf einen Zettel. Sobald beide Teams fertig sind, werden die Zettel ausgetauscht. Ab dem Startsignal hat jedes Team 5 Minuten Zeit, die Zwischenstopps ausfindig zu machen und hinter die Gradangaben zu notieren.

BEISPIEL:
1. Zwischenstopp: 8° östliche Länge, 54°11` nördliche Breite → *Helgoland*
2. Zwischenstopp: 8° östliche Länge, 54°55` nördliche Breite → *Sylt* usw.

Nach Ablauf der Zeit tauschen die Teams ihre Ergebnisse aus. Pro richtige Bestimmung gibt es zwei Punkte. Sieger ist das 2er-Team, welches die meisten Punkte erspielt hat.

Varianten

▶ Der Lehrer gibt nicht nur Start- und Zielhafen, sondern auch die Etappenziele vor.
▶ Differenzierungsmöglichkeit: Stärkere Schüler müssen mehr Zwischenstopps in der vorgegebenen Zeit herausfinden.
▶ Alternativ kann das Spiel auch ohne Zeitbegrenzung gespielt werden.

Reflexion

Diskutieren Sie im Anschluss an das Spiel mit Ihrer Klasse folgende Fragen:
▶ Wie hat die Teamarbeit geklappt?
▶ Waren die Ziele immer eindeutig zu finden?

Sprechende Karten und Bilder

Karte und Co.

Thema:	für jedes beliebige Sachthema einsetzbar oder zur Bildbeschreibung allgemein	**Klasse:**	7–13
		Dauer:	ca. 25 Minuten
Ziel:	▶ Bilder beschreiben und ihnen Informationen entnehmen ▶ Bildinformationen zu einem Sachthema in Bezug setzen	**Teilnehmer:**	ganze Klasse, in Kleingruppen
		Material:	verschiedene Satelliten- oder Luftbilder, Karten, Fotos oder Karikaturen mit geografischem Inhalt

Beschreibung

Vorbereitung: Es werden Kleingruppen mit je drei bis vier Schülern gebildet. Jede Gruppe bestimmt einen Spielleiter. Anschließend teilt der Lehrer an jede Gruppe eine Karte oder ein Bild aus (jede Gruppe erhält die gleiche Karte/das gleiche Bild). Diese(s) kann einen beliebigen geografischen Ort oder eine Situation darstellen; sie/es kann aber auch zur aktuellen Unterrichtsreihe passen (z.B. eine Luftbildaufnahme von einem Regenwaldgebiet, in dem Plantagen angelegt wurden).

Durchführung: Die Gruppen haben jetzt 5 Minuten Zeit, sich das Bild gemeinsam anzusehen. Was sagt es dem Betrachter? Der jüngste Schüler formuliert einen (sinnvollen!) Satz zu dem Bild (z.B. „Auf dem Bild ist ein bewaldetes Gebiet zu sehen, in das anscheinend der Mensch eingegriffen hat."). Danach ist der nächste Spieler an der Reihe, der den nächsten Satz formulieren muss (z.B. „Es sind gerodete Flächen zu sehen, auf denen nach einem regelmäßigen Muster Pflanzen angepflanzt wurden."). So geht es reihum, bis die Zeit abgelaufen ist. Der Spielleiter schreibt jeden formulierten Satz auf einen Zettel. Nach Ablauf der Zeit liest jede Gruppe den anderen Mitschülern ihre Sätze vor. Was haben die Bilder den verschiedenen Gruppen „erzählt"? Wie viele verschiedene Sätze (mit denen also verschiedene Aspekte beschrieben wurden) hat die Klasse insgesamt formuliert? Je mehr, desto besser!
Anschließend teilt der Lehrer ein neues Bild aus, und die nächste Runde wird gespielt.

Reflexion

Diskutieren Sie am Ende des Spiels mit Ihrer Klasse folgende Fragen:
- ▶ Fiel es euch leicht, das Bild/die Karte zu beschreiben?
- ▶ Hättet ihr vielleicht mehr Hilfestellung benötigt?
- ▶ Habt ihr euch im Team gegenseitig geholfen und eventuell Möglichkeiten gezeigt, wie man das Bild/die Karte näher beschreiben kann?
- ▶ Was habt ihr durch dieses Spiel gelernt?

Kategorisieren –
Passt oder passt nicht

TTG-Spiele

Thema:	Geografie allgemein, auch auf bestimmte Themen anpassbar	**Klasse:**	9–13
		Dauer:	ca. 45 Minuten
Ziel:	▶ Orte und Themenfelder kategorisieren	**Teilnehmer:**	ganze Klasse, in Kleingruppen
	▶ Kommunikations- und Teamfähigkeit trainieren	**Material:**	KV oder selbsterstellte Karten
	▶ Entscheidungen und Schlussfolgerungen argumentativ begründen		

Beschreibung

Vorbereitung: Die Klasse teilt sich in 3er- oder 4er-Gruppen. Jede Gruppe bekommt eine Sammlung von Kärtchen mit zunächst zusammenhanglos scheinenden geografischen Begriffen und Orten (KV), die gut sichtbar auf dem Tisch verteilt werden.

Durchführung: In jeder Gruppe sucht sich ein Schüler einen Begriff aus, nimmt ihn aus der Mitte und legt ihn an den Rand. Der nächste Spieler wählt den nächsten Begriff aus, der im Zusammenhang mit dem ersten stehen muss. Der Spieler muss seine Wahl begründen. Der dritte Spieler muss wiederum einen passenden Begriff auswählen und die Gründe für seine Wahl darstellen. So geht es weiter bis zum letzten Spieler.

BEISPIEL:

Wüste + Sahara (ist eine Wüste) + Desertifikation (bedeutet Verschlechterung/Austrocknung des Bodens und führt dazu, dass die Sahara sich immer weiter ausdehnt) + Aralsee (trocknet auf Grund der Desertifikation immer weiter aus und wird kleiner)

Gemeinsam überlegen die Schüler jetzt, ob man ihre Kartenauswahl einer bestimmten Kategorie/einem Oberbegriff zuordnen kann (in diesem Fall z.B. „Trockengebiete"). Es lässt sich immer eine Kategorie finden (sogar mehrere); die Herausforderung liegt darin, die passende Begründung zu finden. Anschließend wird die nächste Runde gespielt. Diesmal beginnt ein anderer Schüler, und es dürfen nur Begriffe genutzt werden, die noch in der Mitte liegen; es wird also zunehmend schwieriger! Welche Gruppe hat am Ende die meisten sinnvollen Kartensets gefunden?

Variante

Die Schüler können zu Beginn des Spiels weitere Begriffskärtchen hinzufügen, sodass die Bandbreite vielfältiger wird und die Karten besser zum Unterrichtsthema passen.

Reflexion

Diskutieren Sie am Ende des Spiels mit Ihrer Klasse folgende Fragen:
- ▶ Konntet ihr eure Argumente gut anbringen?
- ▶ War es schwer, die Kategorien zu benennen? Wie habt ihr euch geeinigt?

Ätna	Lava	Wüste	Meeres-strömungen
Vulkan-ausbruch	Erdbeben	Sahara	Golfstrom
Italien	Tsunami	Desertifikation	Klima
Vesuv	Wirbelsturm	Aralsee	Dürre
Platten-tektonik	El Niño	Windsysteme	New York
Asien	CO_2-Ausstoß	Über-bevölkerung	Südamerika
Klimawandel	Bevölkerung	Asien	Nordamerika
Treibhaus-effekt	Demografie	maritimes Klima	Afrika
Hongkong	Rio de Janeiro	Peking	Himalaja
Mount Everest	Windsysteme	Äquator	kontinentales Klima

© Verlag an der Ruhr | Autorin: Katrin Minner | ISBN 978-3-8346-2281-5 | www.verlagr.hr.de

Kategorisieren – Variantenreich

TTG–Spiele

Thema: für jedes beliebige Sachthema einsetzbar – Beispiel hier: Tourismus/Freizeitgestaltung in Sundern (Sauerland)	**Klasse:** 7–13
	Dauer: ca. 45 Minuten
Ziel: ▶ Informationen strukturieren, Kategorien bilden und Texte zuordnen	**Teilnehmer:** ganze Klasse, in 4er-Gruppen
▶ Kommunikations- und Teamfähigkeit trainieren	**Material:** Textkarten mit zu sortierenden Kurzinformationen (KV oder selbsterstellt)
▶ Entscheidungen und Schlussfolgerungen argumentativ begründen	

Beschreibung

Ziel dieses Spiel ist es, kurze Textinformationen zu ordnen und dabei eigene Kategorien zu wählen. Es geht also um die Konstruktion eigener Ordnung, indem das Sortieren, Vergleichen, Klassifizieren und Kombinieren von Informationen erfolgt.

Vorbereitung: Zu Beginn teilt der Lehrer die Klasse per Zufallsprinzip in 4er-Gruppen auf. Jede Gruppe bekommt einen Satz verschiedener Textkärtchen (siehe Beispiel auf KV).

Durchführung: Die Schüler schauen sich die Textkärtchen genau an und versuchen, diese zu ordnen. Den einzelnen Ordnungsgruppen müssen sie eine Überschrift geben. Anschließend vergleichen die verschiedenen Gruppen ihre Ergebnisse und erklären und begründen ihre Einteilungsvorschläge. Die Gruppe, die die meisten „Oberthemen" gefunden hat, ist Sieger.

BEISPIEL: Eine mögliche Kategorie wäre „Freizeitmöglichkeiten an der Sorpe" → auf dem Sorpesee kann man segeln und Kanu fahren, es können Tretboote gemietet werden, es gibt Angebote, wie Geocaching, Walderlebnisspiele und einen Hochseilgarten, und von Mai bis September ist das Strandbad geöffnet. Eine weitere Kategorie könnte lauten „Sportangebote in Sundern und Umgebung" → Skifahren im Skigebiet Wildewiese, Langlauf in Röhrenspring, Schwimmen im Strandbad. Zur Kategorie „Umweltschutz" gehören → der Shuttlebus zur Sorpe und die Lärmschutzwälle an der Umgehungsstraße.

Variante

Die Gruppen können im Anschluss an das Spiel versuchen, ein ähnliches Raster mit Textkärtchen und sinnvollen Kategorien für ihre eigene Region zu entwickeln.

Reflexion

Diskutieren Sie am Ende des Spiels mit Ihrer Klasse folgende Fragen:
- ▶ Wie seid ihr an die Aufgabe herangegangen?
- ▶ Welche Kategorien habt ihr festgelegt und warum?
- ▶ War es schwer, sich zu einigen?

Kopiervorlage: Beispiel-Textkarten

✂

Sundern bekommt ein neues Freizeit- und Hallenbad.	Neben dem alten Sportplatz werden ein Soccer-Platz und eine Dirtbike-Anlage gebaut.
In der Nähe der Umgehungsstraße werden Lärmschutzwälle errichtet.	Es werden Wanderwege zum Rothaarsteig ausgeschildert.
Neben der Umgehungsstraße befinden sich Fangzäune für Kröten.	Viele Touristen kommen nach Sundern ins Sauerland.
Eine 30er-Zone wird an der Sorpe eingerichtet.	Ein Shuttlebus wird eingesetzt, um die Touristen von Sundern zur Sorpe zu bringen.
Das Strandbad ist von Mai bis September geöffnet.	Auf dem Sorpesee kann man segeln und Kanu fahren.
Zeltplätze und Schwedenhäuser bieten eine naturnahe Unterkunft.	Geocaching, Hochseilgarten und Walderlebnisspiele werden am Sorpesee angeboten.
In der Gemeinde Sundern werden Naturwanderungen angeboten.	In der näheren Umgebung von Sundern finden Kräuterwanderungen mit Koch-kursen statt.
Das „Haus des Gastes" bietet Sauna-gänge und Massagen an.	Auf dem Sorpesee kann man Tretboot fahren.
Es gibt geführte Fahrradtouren durch die Sauerländer Wälder.	Es verkehrt ein regelmäßiger Bus-transfer zum Modell-Rennbahncenter Sauerlandring.
Im Winter ist im Skigebiet „Wildewiese" Ski- und Schlittenfahren möglich.	In Röhrenspring gibt es ausgeschilderte Loipen für den Skilanglauf.

© Verlag an der Ruhr | Autorin: Katrin Minner | ISBN 978-3-8346-2281-5 | www.verlagruhr.de

Kategorisieren – Gemeinsamkeiten gesucht

TTG-Spiele

Thema: auf jedes beliebige Sachthema anwendbar	**Dauer:** ca. 20 Minuten
Ziel: ▶ thematische Verbindungen herstellen	**Teilnehmer:** ganze Klasse, in Paaren
Klasse: 5–13	**Material:** Papier und Stifte

Beschreibung

Vorbereitung: Der Lehrer teilt die Klasse per Zufallsprinzip in Paare ein. Außerdem wird ein Schiedsrichter bestimmt. Die Paare haben zunächst die Aufgabe, auf einem quergelegten DIN-A4-Blatt eine Tabelle mit acht Spalten und fünf Zeilen zu erstellen (siehe Beispiel).

Durchführung: In jede der fünf Zeilen tragen sie in die ersten sieben Spalten geografische Begriffe/Orte/... ein, die irgendeine Gemeinsamkeit haben.

BEISPIEL:

Begriffsreihe							Gemeinsamkeit
Rom	Vesuv	Venedig	Toskana	Pisa	Siena	Gardasee	→ Das sind alles Orte in Italien.
Vulkan-ausbruch	Tsunami	Hurrikan	Tornado	Erdbeben	Über-schwemmung	Hitze-welle	→ Das sind alles Na-turkatastrophen.

Die Paare haben dafür 10 Minuten Zeit. Der Schiedsrichter sammelt die Listen ein, mischt sie und teilt sie wieder an die Paare aus. Sie müssen nun die Gemeinsamkeiten der Begriffs-reihen erraten und in der achten Spalte notieren. Nach fünf Minuten müssen alle Paare ihre Stifte zur Seite legen. Reihum liest jedes Paar die Begriffsgruppen und ihre Gemeinsamkeit vor. Für jede richtige Gemeinsamkeit notiert der Schiedsrichter für das jeweilige Team einen Punkt. Das Paar mit den meisten Punkten gewinnt. Dort, wo die Gemeinsamkeit noch fehlt, überlegt die Klasse gemeinsam, was die Lösung sein könnte (die Schüler, die diese Begriffe aufgeschrieben hatten, halten sich natürlich zurück und verraten nichts).

Variante

Differenzierungsmöglichkeit: Schwächeren Gruppen sollte man – bei topografischer Aus-richtung des Spiels – einen Atlas zur Verfügung stellen (sowohl für das Erstellen der Listen als auch für das Knobeln hinterher).

Reflexion

Diskutieren Sie im Anschluss an das Spiel mit der Klasse folgende Fragen:
- ▶ Wie seid ihr an die Erstellung der Begriffsreihen herangegangen?
- ▶ Worin bestanden die Schwierigkeiten, die Gemeinsamkeiten der anderen herauszufin-den und zu formulieren?

Kategorisieren –
Quartett einmal anders

Thema:	auf jedes beliebige Sachthema anpassbar	**Klasse:**	5–13
Ziel:	▶ geografische Begriffe/Orte verknüpfen ▶ Entscheidungen begründen	**Dauer:**	ca. 25 Minuten
		Teilnehmer:	ganze Klasse, in 4er-Gruppen
		Material:	Quartett-Karten (KV oder selbsterstellt), Scheren

Beschreibung

Dieses Spiel ist eine Art Quartettspiel. Immer vier geografische Begriffe gehören zusammen. Die Spieler müssen dabei begründen können, warum eine Karte zu der ausgelegten Karte passt. Die Mitspieler entscheiden mit, ob sie mit der Begründung einverstanden sind.

Vorbereitung: Der Lehrer teilt die Klasse in 4er-Gruppen ein. Jede Gruppe bekommt 34 Quartett-Karten (dazu die KV auf festes Tonpapier kopieren und die Schüler die einzelnen Karten ausschneiden lassen).

Durchführung: Die Karten werden gemischt, und jeder Spieler bekommt fünf Karten ausgeteilt. Eine weitere Karte wird offen in die Mitte gelegt, alle anderen kommen in einen verdeckten Stapel.

Der Jüngste beginnt. Wenn er eine Karte auf der Hand hält, die zu der ausgelegten Startkarte passt, kann er sie zu ihr auf den Tisch legen. Dabei muss er kurz erklären, wie die beiden Begriffe zusammenpassen. Anschließend ist im Uhrzeigersinn der nächste Spieler an der Reihe und geht genauso vor.

Kann ein Spieler einmal keine passende Karte anlegen (oder braucht zu lange, um eine Begründung geben zu können), muss er stattdessen eine neue Karte vom Stapel ziehen. Legt jemand die vierte Karte mit Begründung auf den Tisch, darf er sich das nun dort liegende „Quartett" nehmen und vor sich ablegen.

BEISPIEL: ☐ Berlin ☐ + ☐ Brandenburger Tor ☐ (ist eine Sehenswürdigkeit in Berlin) +

☐ viele Menschen ☐ (leben in Berlin) + ☐ Deutschland ☐ (Berlin ist die Hauptstadt von Deutschland)

Anschließend wird eine neue Startkarte vom Stapel aufgedeckt. Der Spieler, der gerade ein Quartett für sich gewinnen konnte, ist noch einmal an der Reihe und darf eine passende Handkarte ablegen – oder muss eine neue Karte ziehen. So geht es weiter, bis keine neue Startkarte mehr vom Stapel gezogen werden kann oder ein Spieler keine Karten mehr auf der Hand hat. Dann zählt jeder Schüler die Karten, die er gewonnen und vor sich abgelegt hat, und zieht davon die Summer der Karten ab, die er noch auf der Hand hält. Wer nun die meisten Punkte hat, ist Sieger.

Kategorisieren –
Quartett einmal anders

TTG-Spiele

Varianten

- Die Schüler können (z.B. als Abschluss einer Unterrichtseinheit) eigene Quartett-Karten erstellen und damit spielen.
- Differenzierungsmöglichkeit: Das Spiel kann einfacher gestaltet werden, wenn immer nur drei Karten zusammenpassen müssen.

Reflexion

Diskutieren Sie im Anschluss an das Spiel mit Ihrer Klasse folgende Fragen:

- Was habt ihr durch das Spiel gelernt?
- Konntet ihr eure Karten gezielt loswerden?
- Konntet ihr die anderen gut überzeugen?
- Gibt es Themen, in denen ihr noch nicht so sicher seid und die ihr eventuell noch vertiefen müsst?

Kategorisieren – Quartett einmal anders

Kopiervorlage: Beispiel-Quartett-Karten

Südafrika	Deutschland	Branden-burger Tor	Berlin	Metropole
Kapstadt	Schulbildung	Nelson Mandela	Einwanderer	Aids
Sprachen	Hauptstadt	China	Sydney	Arbeits-losigkeit
Peking	Armut	Umweltver-schmutzung	Medikamente	viele Menschen
Freiheits-statue	Aborigines	Kaiser-palast	Apartheid	Freiheit
Australien	New York	Ayers Rock	USA	Entwicklungs-staat
Industrie-nation	Tafelberg	Landflucht	Tradition	

© Verlag an der Ruhr | Autorin: Katrin Minner | ISBN 978-3-8346-2281-5 | www.verlagruhr.de

Mystery – Atomausstieg

TTG-Spiele

Thema:	Atomausstieg und erneuerbare Energien	**Klasse:**	9–13
Ziel:	▶ vernetztes und schlussfolgerndes Denken trainieren	**Dauer:**	ca. 45 Minuten
	▶ Orte und Themenfelder in Kategorien ordnen	**Teilnehmer:**	ganze Klasse, in Kleingruppen
	▶ Kommunikations- und Teamfähigkeit trainieren	**Material:**	Briefumschläge mit Infokärtchen (KV), eventuell Kontextmaterial
	▶ Entscheidungen und Schlussfolgerungen argumentativ begründen		

Beschreibung

Vorbereitung: Jede Gruppe – ideal sind drei bis vier Schüler – erhält einen Umschlag, in dem sich die Mystery-Kärtchen befinden. Dabei ist es sinnvoll, die Kopiervorlagen vor dem Zerschneiden auf DIN-A3-Größe zu kopieren. Vor dem Austeilen notiert der Lehrer außen auf den Umschlägen die Leitfrage(n):

> *„Soll ein sofortiger Atomausstieg erfolgen?*
> *Was bedeutet das für Tom und seine Familie?"*

Durchführung: Jede Gruppe bekommt die Aufgabe, die Leitfragen anhand der Infokärtchen zu lösen. Hinweis: Bei einem Mystery gibt es immer verschiedene Lösungsmöglichkeiten! Es gilt, die Informationen untereinander in Beziehung zu setzen. Hier kann es sein, dass nicht jede Information weiterhilft. Es kommt also auch darauf an, gemeinsam zu entscheiden, welche Kärtchen wirklich wichtig sind („Welche Informationen bringen uns auf jeden Fall weiter, wenn wir die Leitfrage gemeinsam beantworten wollen?").
Jede Gruppe notiert ihre Lösungsvorschläge. Dabei müssen die Zusammenhänge genau und ausführlich begründet werden („Warum haben wir uns für diese Lösung entschieden?"). Am Ende stellt jede Gruppe ihre Lösung dem Plenum vor.

Mögliche Beispiellösung: Ein sofortiger Atomausstieg soll noch nicht erfolgen, weil die erneuerbaren Energien noch nicht genug Strom produzieren können, sodass Deutschland momentan noch nicht unabhängig vom Atomstrom ist. Wir favorisieren einen Atomausstieg in 20 Jahren, damit genug Zeit bleibt, um die Nutzung erneuerbarer Energien auszubauen und die Technologien zu optimieren. Wir wollen uns nicht abhängig von den Nachbarstaaten machen, die uns bei einem sofortigen Ausstieg im Notfall mit Atomstrom aushelfen müssten, was für Deutschland und vor allem für den Endverbraucher teuer werden könnte. Toms Familie hätte so auch genug Zeit, um zu überlegen, wie es in Zukunft weitergeht. Toms Vater wäre schon Rentner, und die Familie müsste nicht umziehen, sodass Tom sich keine neuen Freunde suchen müsste. Die Familie hätte keine Geldsorgen und könnte ihn bei einer Ausbildung finanziell unterstützen. Außerdem könnte Toms Bruder sein Umwelttechnik-Studium in Ruhe zu Ende bringen und hätte gute Aussichten auf einen sicheren Job.

Mystery – Atomausstieg

Varianten

▶ Es ist möglich, den Schülern noch weiteres Zusatzmaterial in Form von Zeitungsartikeln, Karten, Fotos oder Diagrammen anzubieten, um das Thema zu vertiefen und den Blick auf Details zu lenken. Die zusätzlichen Hintergrundinformationen (möglichst stets mit Angabe von Ort, Zeit und den genauen Umständen) können die Schüler für ihre Lösungen verwenden. Hier ist es möglich, auf aktuelles Material aus dem Internet oder der Tageszeitung zurückzugreifen, so bekommt das Mystery einen aktuellen Themenbezug.

▶ Es bietet sich an, mit den Schülern nach dem Mystery eine Pro-und-Kontra-Diskussion zum Thema Atomausstieg zu führen.

Reflexion

Diskutieren Sie im Anschluss an das Spiel mit der Klasse folgende Fragen:

▶ War es schwer oder leicht, als Gruppe zu arbeiten?
▶ Wie seid ihr vorgegangen, um eine Lösung zu finden?
▶ Was fiel euch besonders schwer?
▶ Konntet ihr stichhaltige Argumente finden, oder sind es nur Behauptungen?
▶ Reichte die Information aus den Kärtchen aus, oder hättet ihr noch mehr Informationen benötigt?
▶ Gibt es eventuell andere Lösungsmöglichkeiten, die noch nicht genannt worden sind? (Es kann im Plenum gemeinsam nach einer Lösungsmöglichkeit gesucht werden.)

Hinweise zur Konstruktion eines eigenen Mysterys

Mit etwas Übung können Sie auch eigene Mysterys zu beliebigen Sachthemen konstruieren und somit diese Spielform passgenau auf Ihren Unterricht und das Leistungsniveau Ihrer Schüler ausrichten. Dabei gilt es einige wichtige Regeln zu beachten:

▶ Eine zentrale Leitfrage dient als motivierender Startpunkt.
▶ Die Zahl der Informationskärtchen sollte zwischen 16 und 30 liegen.
▶ Es sollten konkret benannte Personen vorkommen.
▶ Es sollte ein Erzählstrang erkennbar werden, durch den ein Spannungsbogen aufgebaut wird, sodass eine große Motivation entsteht, das Mystery zu lösen und herauszufinden, was aus welchen Gründen mit den Personen geschieht.
▶ Es sollten auch ambivalente sowie einige irrelevante Informationen eingebaut werden, z.B. zwei sich widersprechende Aussagen oder weniger wichtige Details. Dies zwingt die Schüler dazu, Sachverhalte zu gewichten und zu bewerten, Stellung zu beziehen und die eigene Argumentation zu präzisieren. Der Umgang mit Unsicherheiten und ambivalenten Sachverhalten stellt ein eigenes Lernziel dar.
▶ Dem Lehrer sollte klar sein, dass die Schüler andere als die eventuell erwartete Lösung entwickeln.

Quelle: vgl. Schuler, Stephan: Mysterys als Lernmethode für globales Denken, in: Praxis Geographie, Westermann, Ausgabe April 2005, S. 22–27

Mystery – Atomausstieg

Kopiervorlage: Infokärtchen

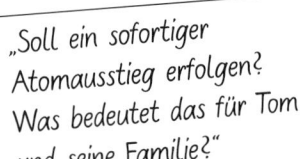

„Soll ein sofortiger Atomausstieg erfolgen? Was bedeutet das für Tom und seine Familie?"

Toms Vater arbeitet in einem Atomkraftwerk im Emsland. Dieses Kernkraftwerk geht voraussichtlich 2020 vom Netz. Sollte es jetzt zu einem kompletten Atomausstieg kommen, würde Toms Vater arbeitslos, und die Familie wäre finanziell nicht mehr abgesichert.

Clara lebt mit ihrer Familie in der Nähe des Atommüllendlagers „Asse II". Eine Untersuchung hat ergeben, dass die Gefahr, an Leukämie zu erkranken, hier höher ist als in den Nachbargemeinden.

Ein Freund von Tom:
„Bei einem sofortigen Atomausstieg müsste Tom mit seiner Familie umziehen. Er müsste die Schule wechseln und sich neue Freunde suchen. In unserer Fußballmannschaft würde Tom fehlen."

Helenas Eltern haben sich für eine Fotovoltaikanlage entschieden. Die Kosten für die Anschaffung sind anfangs sehr hoch. Erst nach einigen Jahren zahlt sich die Anschaffung aus.

Toms Vater ist Ingenieur in einem Atomkraftwerk. Er ist 57 Jahre alt. Bei einem sofortigen Atomausstieg wäre es für ihn schwer, einen neuen, adäquaten Job zu finden.

Würde das Atomkraftwerk im Emsland 2020 vom Netz gehen, könnte Toms Vater ohne Abzüge, gesichert durch einen Sozialplan seiner Firma, in Rente gehen. Seine Familie wäre finanziell gut versorgt.

Toms Mutter hat in der Zeitung gelesen, dass der sofortige, komplette Wechsel auf erneuerbare Energien den Verbraucher sehr viel Geld kosten würde. Dieses kann nur durch eine Steuererhöhung finanziert werden.

Christian, Toms Bruder, studiert in Hamburg Umwelttechnik. In zwei Jahren ist er mit dem Studium fertig. Der Ausbau erneuerbarer Energien würde viele neue Arbeitsplätze schaffen. Er hätte einen sicheren Job mit Zukunft.

Ein Befürworter der Atomenergie:
„Solarenergie und Windkraftanlagen decken noch nicht den Energiebedarf der Bevölkerung. Es ist noch nicht möglich, ganz auf die Atomenergie zu verzichten."

Ein Umweltschützer:
„Offshoreparks in der Nordsee zerstören das natürliche Ökosystem der Nordsee und der Küstenregion Deutschlands."

Ein Anwohner eines Windparks:
„Windparks zerstören die Landschaft, außerdem beklagen sich die Anwohner über die starke Lärmbelästigung durch das Rotieren der Räder."

© Verlag an der Ruhr | Autorin: Katrin Minner | ISBN 978-3-8346-2281-5 | www.verlagruhr.de

Mystery – Atomausstieg

Kopiervorlage: Infokärtchen

✂

Ein Befürworter der Solarenergie:
„Solarenergie schützt das Klima und fördert den Export neuer Technologien. Wir schaffen neue Arbeitsplätze."

Ein Politiker der Grünen:
„Wir können als erste, große Industrienation die Wende zu einem hocheffizienten, erneuerbaren Energiesystem schaffen."

Ein Freund von Toms Familie:
„Toms Familie müsste sich bei einem sofortigen Atomausstieg eine neue Existenz aufbauen. Das ist in der heutigen Zeit nicht ganz so einfach."

Ein Landwirt:
„Mit meiner Biogasanlage produziere ich Strom, der in das lokale Stromnetz gespeist wird. Ich verdiene Geld damit, und die Verbraucher bekommen "grünen Strom". „Das ist doch toll!"

Ein Sprecher der Bundesregierung:
„Durch das Ende der sieben alten Atommeiler gehen 8500 Megawatt in der Erzeugung verloren. Von der Abschaltung ist besonders der Süden Deutschlands betroffen, der zusätzlich mit Strom aus dem Norden versorgt werden muss."

Ein Politiker:
„Um die für den Ökostrom dringend benötigten neuen Netze und Speicher schneller bauen zu können, wollen wir die Zusammenarbeit mit den Ländern unterstützen und bürokratische Hürden beseitigen."

Ein Sprecher der Bundesregierung:
„Wir befinden uns in Deutschland nicht in einem Tsunami-gefährdeten Gebiet. Insofern kann sich ein Unglück wie in Japan bei uns nicht ereignen."

Ein Sprecher der Bundesregierung:
„Es gibt immer ein Restrisiko. Wir haben Atomkraftwerke, die keinen baulichen Schutz gegen Flugzeugabstürze und gegen terroristische Angriffe aus der Luft bieten."

Ein Bürger:
„Erdwärme, Fotovoltaik und Solaranlagen sollten für jeden Bürger bezahlbar und relativ schnell umsetzbar sein."

Ein Bürger:
„Der schnelle Umstieg kostet den Verbraucher mehr als ein langsamer Ausstieg. Man kann so lange nicht auf die Atomenergie verzichten, bis die Energieversorgung mit erneuerbaren Energien lückenlos geschlossen ist."

© Verlag an der Ruhr | Autorin: Katrin Minner | ISBN 978-3-8346-2281-5 | www.verlag-ruhr.de

Mystery –
Nico und Nomtha aus Südafrika

TTG-Spiele

Thema: Afrika, Teufelskreis Armut	**Klasse:** 9/10
Ziel: ▶ sich in die Situation anderer hinein-versetzen	**Dauer:** ca. 45 Minuten
▶ vernetztes und schlussfolgerndes Denken trainieren	**Teilnehmer:** ganze Klasse, in Kleingruppen
▶ Entscheidungen und Schlussfolge-rungen argumentativ begründen	**Material:** Briefumschläge mit Infokärtchen (KV), eventuell Kontextmaterial
▶ Kommunikations- und Teamfähig-keit trainieren	

 ## Beschreibung

Vorbereitung: Der Lehrer teilt die Klasse durch Zufallsprinzip in Gruppen mit drei bis vier Schülern ein. Die Gruppen erhalten einen Umschlag mit den auf DIN-A3-Format kopierten Mystery-Karten (KV), auf dem die Leitfrage notiert ist:

> *„Wie könnte sich Nomthas Lebenssituation verbessern,*
> *und welche Rolle spielt Nico dabei?"*

Durchführung: Die Durchführung erfolgt, wie bei dem Mystery „Atomausstieg" (S. 28) beschrieben. Es ist hilfreich, den Schülern den Tipp zu geben, die Karten zunächst zu sortieren (Nomthas Situation/Nicos Situation/Nomthas Wünsche etc.), um sich einen besseren Überblick zu verschaffen, bevor sie Lösungswege diskutieren.

Mögliche Beispiellösung: Nomtha lernt Nico beim Fußballspielen kennen. Er passt auf ihre Geschwister auf und macht mit ihnen Hausaufgaben. So hat Nomtha Zeit, ihre Mutter in das nächste Krankenhaus zu bringen, wo sie Hilfe und die notwendigen Medikamente bekommt. Nico stellt mit Hilfe seines Vaters den Kontakt zwischen Nomthas Familie und der Hilfsorganisation „Goedgedacht" her. Hier bekommen Nomtha und ihre Geschwister ein neues Zuhause. Nomtha kann zur Schule gehen und später eine Ausbildung machen.

 ## Variante

Es ist möglich, den Schülern Zusatzmaterial in Form von Zeitungsartikeln, Fotos etc. anzu-bieten, um das Thema zu vertiefen. Diese Hintergrundinformationen (möglichst stets mit Angabe von Ort und Zeit) können die Schüler für ihre Lösungen verwenden.

 ## Reflexion

Diskutieren Sie im Anschluss an das Spiel mit Ihren Schülern folgende Fragen:
- ▶ Konntet ihr euch gut in die Situation von Nomtha hineinversetzen?
- ▶ Wie habt ihr eine Lösung für Nomtha und ihre Familie gefunden? Welche Rolle spielte Nico dabei?
- ▶ Seid ihr mit eurem Ergebnis zufrieden, oder seid ihr an Grenzen gestoßen?

Kopiervorlage: Infokärtchen

„Wie könnte sich Nomthas Lebenssituation verbessern, und welche Rolle spielt Nico dabei?"

Nico ist 12 Jahre alt. Er lebt mit seiner Familie in Johannesburg, in Südafrika.

Nomthas Mutter hat AIDS.

„Goedgedacht" ist eine Farm, die Kindern und Jugendlichen eine Schulbildung ermöglicht und sie mit Essen und Kleidung versorgt.

Nomtha hat noch fünf jüngere Geschwister.

Nicos Vater arbeitet bei der regionalen Hilfsorganisation „Goedgedacht" für Kinder.

Nomtha kann die Schule nicht besuchen, da das Schulgeld zu teuer ist.

Nomtha und ihre Geschwister müssen arbeiten gehen, damit die Familie etwas zu essen hat.

Nomtha übernimmt die Erziehung ihrer Geschwister.

Nomthas Geschwister waschen Autos oder übernehmen andere kleine Jobs in der Stadt.

In Nomthas Nachbarschaft gibt es ein Krankenhaus. Hier bekommen Aidskranke Hilfe und Unterstützung in Form von Medikamenten.

Nomthas Vater hat die Familie vor vielen Jahren verlassen.

Die Medikamente für Nomthas Mutter sind sehr teuer.

Nomtha ist 12 Jahre alt. Sie lebt mit ihrer Familie in Johannesburg, in Südafrika.

Nomtha kann ein wenig schreiben und lesen.

Nico möchte später bei einer Hilfsorganisation arbeiten und anderen Menschen helfen.

Nico hat Nomtha bei einem Fußballspiel kennengelernt.

Nomthas Geschwister möchten auch eine Schule besuchen.

Nico geht tagsüber zur Schule. Nachmittags hilft er oft auf der Farm „Goedgedacht" anderen Kindern bei den Hausaufgaben.

Nomtha schaut gerne zu, wenn ihre Geschwister Fußball spielen.

Nomtha möchte später einmal studieren.

Nico spielt gerne Fußball.

© Verlag an der Ruhr | Autorin: Katrin Minner | ISBN 978-3-8346-2281-5 | www.verlagruhr.de

Planen und entscheiden – Wer kommt in die EU?

TTG-Spiele

Thema: Europäische Union	**Klasse:** 10–13	
Ziel: ▶ Pro-und-Kontra-Argumente anbringen ▶ Informationen aus der Tabelle zusammentragen	**Dauer:** ca. 45 Minuten	
	Teilnehmer: ganze Klasse, in Kleingruppen	
	Material: Hintergrundinformationen (KV)	

Beschreibung

Vorbereitung: Der Lehrer teilt die Klasse in Gruppen zu je drei bis vier Schülern ein. Jeder Schüler bekommt die nötigen Hintergrundinformationen (KV) ausgeteilt, dann erklärt der Lehrer ihnen die Ausgangssituation:

„Ihr seid in der Kommission, die sich mit der Erweiterung der Europäischen Union befasst. Eure Aufgabe ist es, zu entscheiden, welches Land bzw. welche Länder in die EU aufgenommen werden sollen. Dafür stehen euch die Informationen auf dem ausgeteilten Blatt zu Verfügung."

Durchführung: Die Schüler lesen sich die Informationen zunächst alleine gut durch und machen sich Notizen. Gemeinsam einigen sie sich anschließend in den Gruppen darauf, welche Länder in die EU aufgenommen werden. Dazu müssen die Schüler die Tabelle analysieren und die Bewertungen mit Hilfe der Kopenhagener Kriterien gewichten – wobei natürlich immer auch die eigene Meinung eine Rolle spielt. Und natürlich gibt es hier nicht nur eine Lösung! Zum Schluss präsentieren die Gruppen ihre Ergebnisse im Plenum und vergleichen die Beitrittsempfehlungen. Sind alle zu dem gleichen Entschluss gekommen?

Variante

Um verstärkt das Argumentieren und Präsentieren zu trainieren, kann einzelnen Schülern auch je ein potenzielles Beitrittsland zugeteilt werden. Sie haben dann die Aufgabe, diesen Beitrittskandidaten so gut vor dem Ministerrat vorzustellen, dass er in die EU aufgenommen wird. Dazu sollten sie die Möglichkeit erhalten, vorab zusätzliche Informationen im Internet zu recherchieren. Ein zuvor gewählter Ministerrat trifft auf Grundlage der KV und der Präsentation die Entscheidung, welches der Länder beitreten darf.

Reflexion

Diskutieren Sie im Anschluss an das Spiel mit Ihrer Klasse folgende Fragen:

▶ Was habt ihr während des Spiels gelernt?
▶ Konntet ihr euch die Situation in den Ländern gut vorstellen, als ihr euch die Informationen in der Tabelle genauer angesehen habt?
▶ Konntet ihr eure Meinung überzeugend darstellen?
▶ Gab es Meinungen eurer Mitspieler, die ihr nicht geteilt habt?

Planen und entscheiden –
Wer kommt in die EU?

Kopiervorlage: Hintergrundinformationen

Die Kopenhagener Kriterien

1993 wurden die Mitgliedschaftskriterien für die EU festgelegt. Diese Kriterien werden auch als „Kopenhagener Kriterien" bezeichnet. Ein Land muss folgende Bedingungen erfüllen, um in die EU aufgenommen werden zu können:

- Stabilität der Institutionen, Demokratie, Rechtsstaatlichkeit, Menschenrechte sowie Achtung und Schutz von Minderheiten
- Existenz einer funktionierenden Marktwirtschaft
- Fähigkeit zur Übernahme der Pflichten der Mitgliedschaft, einschließlich des Einverständnisses mit den Zielen der Politischen Union sowie der Wirtschafts- und Währungsunion

Die Mitgliedschaft setzt voraus, dass das Bewerberland geeignete Verwaltungs- und Justizstrukturen geschaffen hat. Außerdem muss die Gesetzgebung der EU in die nationale Gesetzgebung übernommen werden.

Punktesystem für den Beitritt in die EU

Die Länder, die der EU beitreten wollen, werden zunächst mit einem Punktesystem bewertet, das verschiedene Bereiche (z.B. Höhe und Stabilität des Bruttonational-einkommens, Einhaltung der Menschen-rechte etc.) mit einbezieht. Jeder einzelne Bereich wird bewertet (siehe Tabelle). Je höher die Punktzahl, desto schlechter ist das Resultat in diesem Bereich. Norwegen hat beispielsweise beim BNP eine –3, weil das Land eine stabile Wirt-schaft hat. Die Türkei wurde im Bereich „Menschenrechte" mit 5 bewertet, weil die Menschenrechtssituation dort sehr proble-matisch ist.
Um die Gesamtbewertung eines Landes zu erhalten, werden alle Punkte addiert (bzw. negative Werte subtrahiert).

Land	Bruttonational-einkommen (BNP)*	Gleichbehandlung von Mann und Frau	Korruption	Menschenrechte	Demokratie	Inflation	Bildung	Umwelt
Albanien	1	2	1	5	1	1	5	0
Algerien	4	3	4	5	3	4	0	2
Armenien	4	2	3	5	3	4	4	2
Aserbaidschan	4	2	5	5	-1	1	5	4
Bosnien-Herzegowina	4	1	5	5	0	0	2	2
Georgien	5	2	5	5	1	0	4	0
Island	-1	-2	-2	-1	-2	4	-3	-1
Kroatien	3	1	1	3	-1	1	2	2
Mazedonien	4	1	4	5	2	0	3	3
Moldawien	5	0	5	5	2	0	-3	5
Montenegro	4	1	1	5	0	3	2	3
Norwegen	-3	-2	-2	-2	-1	1	-2	-2
Russland	3	1	5	5	4	4	3	0
Schweiz	-2	-1	-2	-2	1	1	-1	-2
Serbien	3	1	4	5	1	4	2	-1
Türkei	3	3	3	5	1	4	2	3
Ukraine	4	1	4	5	1	4	-1	3
Weißrussland	3	0	5	5	1	4	-1	1

Quelle: vgl. Krause, Uwe: Von Fernsehen lernen heißt spielen lernen, in: Praxis Geographie: Spielend Lernen – Neue Spiele für den Geographie-unterricht, Westermann, Ausgabe Juli/August 2010, S. 39–41

© Verlag an der Ruhr | Autorin: Katrin Minner | ISBN 978-3-8346-2281-5 | www.verlagruhr.de

Außenseiter – Wer fällt aus der Reihe?

TTG-Spiele

Thema:	für jedes beliebige Sachthema einsetzbar – Beispiel hier: Topografie	**Dauer:** ca. 25–45 Minuten
		Teilnehmer: ganze Klasse, in Kleingruppen
Ziel:	▶ geografische Begriffe und Zusammenhänge erklären	**Material:** Begriffsgruppen (KV oder selbsterstellt)
Klasse:	7–13	

Beschreibung

Bei diesem Spiel geht es darum, aus vier Begriffen einen herauszusuchen, der nicht zu den anderen passt. Die Schüler müssen allerdings begründen, warum dieser Begriff nicht passt. Hinweis: Es sind stets mehrere Lösungen möglich.

BEISPIEL: *Kenia, Südafrika, Mombasa, Brasilien*
Hier könnte man Brasilien herausstreichen, weil es sich um ein Land in Südamerika handelt, während die anderen Orte sich alle in Afrika befinden. Allerdings könnte man auch Südafrika herausstreichen, weil die anderen Länder alle im Bereich des tropischen Regenwaldes liegen usw.

Vorbereitung: Der Lehrer bereitet ein Arbeitsblatt mit mehreren Begriffsgruppen vor. Die Gruppen bestehen jeweils aus vier Begriffen (siehe Beispiel-KV). Alternativ können die Begriffe auch an die Tafel geschrieben oder per OHP/Beamer an die Wand projiziert werden.

Durchführung: Die Schüler überlegen nun in Kleingruppen:
- ▶ Was haben die Begriffe gemeinsam?
- ▶ Welcher Begriff fällt raus? Warum ist er ein „Außenseiter"?
- ▶ Durch welchen anderen Begriff ließe sich der Außenseiter sinnvoll ersetzen?

Anschließend tragen die Gruppen sich gegenseitig ihre Ergebnisse vor und vergleichen diese.

Varianten

- ▶ Solche Begriffsgruppen können die Schüler in Kleingruppen auch gut selbst entwerfen und dann ihren Mitschülern als Aufgabe vorlegen.
- ▶ Das Spiel lässt sich auch mit 3er-Begriffsgruppen oder auch mit Bildern spielen.

Reflexion

Diskutieren Sie im Anschluss an das Spiel mit Ihrer Klasse folgende Fragen:
- ▶ Welche Außenseiter-Möglichkeiten habt ihr gefunden?
- ▶ Mit welcher Begründung habt ihr euch für eure Antworten entschieden?
- ▶ Was habt ihr bei diesem Spiel gelernt?

Außenseiter – Wer fällt aus der Reihe?

Berlin	London
Hamburg	München

Kenia	Mombasa
Nairobi	Algier

Südafrika	Johannesburg
Kapstadt	Port Elisabeth

Namibia	Angola
Botsuana	Liberia

Oranje	Kongo
Sambesi	Nil

Marokko	Algerien
Sahara	Tunesien

© Verlag an der Ruhr | Autorin: Katrin Minner | ISBN 978-3-8346-2281-5 | www.verlagr.hr.de

Bilder befragen – Luftikus

TTG-Spiele

Thema: Satellitenbilder und Luftaufnahmen	**Klasse:** 10–13
Ziel: ▶ Luft- und Satellitenbilder untersuchen und den Aufnahmeort ermitteln	**Dauer:** ca. 25 Minuten
▶ geografisches Fachwissen abrufen und übertragen	**Teilnehmer:** ganze Klasse, in Kleingruppen
	Material: verschiedene Luftbildaufnahmen und Satellitenbilder sowie OHP oder Beamer

Beschreibung

Vorbereitung: Per Zufallsprinzip teilt der Lehrer die Klasse in Kleingruppen mit drei bis vier Schülern ein.

Durchführung: Nun werden per OHP oder Beamer verschiedene Luft- und Satellitenbilder gezeigt (Tipp: Rechtefreies (oder für Bildungszwecke freigegebenes) Bildmaterial finden Sie bspw. unter www.nasaimages.org oder bei GoogleEarth). Für jedes Bild haben die Gruppen eine gewisse Bedenkzeit. Ihre Aufgabe besteht darin, durch gezieltes Fragen an den Lehrer und Kombinieren zu erraten, wo die Aufnahme gemacht worden ist. Eventuell gibt der Lehrer ein paar Tipps. Zunächst denkt jeder Schüler für sich nach, bevor er sich mit seinen Mitschülern austauscht und die Gruppe sich auf einen Lösungsvorschlag einigt. Diese Vermutung wird notiert, bevor es zum nächsten Bild weitergeht. Am Ende werden die Vermutungen der einzelnen Gruppen verglichen. Die Gruppe, die die meisten Aufnahmeorte richtig erraten hat, hat gewonnen.

Reflexion

Diskutieren Sie im Anschluss an das Spiel mit Ihren Schülern folgende Fragen:
- ▶ Wie seid ihr an die verschiedenen Bilder herangegangen?
- ▶ Ist es euch leichtgefallen, sich die fotografierten Landschaften vorzustellen?
- ▶ Konntet ihr auf euer Vorwissen zurückgreifen? Wie hat es euch geholfen?

Wo ist was möglich? –
Eine Zukunft für Kinder in Südafrika

TTG-Spiele

Thema: Südafrika, AIDS und Apartheid (ausreichende Vorkenntnisse erforderlich)	**Klasse:** 10–13
Ziel: ▶ geografische Bedingungen sichten und beurteilen ▶ sich in die Situation anderer hineinversetzen ▶ gemeinsam Lösungen suchen und diese präsentieren	**Dauer:** ca. 45 Minuten
	Teilnehmer: ganze Klasse, in Kleingruppen
	Material: Hintergrundinfos und Denkanstöße (KV)

Beschreibung

In diesem Spiel geht es darum, sich in eine bestimmte Situation hineinzuversetzen. Mit Hilfe ihres Vorwissens zum Thema Südafrika/Aidsproblematik/Apartheid sollen die Schüler die Lebenssituation eines südafrikanischen Mädchens erkunden und gemeinsam überlegen, wie ihm geholfen werden könnte.

Vorbereitung: Die Klasse bildet Gruppen mit je drei bis vier Schülern, und der Lehrer teilt an jeden Schüler ein Blatt mit Informationen über das Leben des südafrikanischen Mädchens Lindiwe sowie Anregungen für die Suche nach Lösungswegen (KV) aus.

Durchführung: Die Schüler lesen sich zunächst alle Informationen durch und machen sich mit der Situation vertraut. Anschließend diskutieren sie innerhalb der Gruppen gemeinsam über mögliche Lösungswege und die dafür nötige Voraussetzungen, um die Zukunft von Lindiwe positiv zu gestalten. Dazu machen Sie sich mit Hilfe der Tabelle Gedanken, welche Aspekte die Situation auf welche Weise beeinflussen können. Die Schüler beantworten die Fragen (Beispiel: Schulbildung für alle ? Wenn Kinder nicht zur Schule gehen, können sie später auch keine Ausbildung machen. Sie müssen sich mit Nebenjobs über Wasser halten, und ihr Einkommen reicht nicht aus, um sich selbst und die Familie zu ernähren) und versuchen, sich darüber einig zu werden, welche Schritte sie in die Wege leiten würden, um Kindern wie Lindiwe zu helfen. Natürlich gibt es hier nicht nur eine richtige Lösung, sondern ganz unterschiedliche Ansätze! Zum Schluss präsentieren die Gruppen sich gegenseitig ihre Ergebnisse und vergleichen diese.

Reflexion

Diskutieren Sie im Anschluss an das Spiel mit Ihrer Klasse folgende Fragen:

▶ Konntet ihr euch gut in die Situation von Lindiwe hineinversetzen?
▶ Gab es Themen, in denen ihr euer Vorwissen besonders gut anbringen konntet?
▶ Wie seid ihr auf euren Lösungsansatz gekommen? Gab es besondere Methoden, die ihr angewendet habt?
▶ Konntet ihr euch schnell auf eine mögliche Strategie zur Verbesserung der Situation einigen, oder gab es unterschiedliche Meinungen?

Wo ist was möglich? –
Eine Zukunft für Kinder in Südafrika

Kopiervorlage: Hintergrundinformationen und Denkanstöße

Die Lebenssituation des südafrikanischen Mädchens Lindiwe

Lindiwe ist 14 Jahre alt und lebt in dem Slum Masiphumelele in Kapstadt. Ihre Mutter ist an AIDS erkrankt, und ihr Vater ist bereits vor Jahren an der Immunschwächekrankheit gestorben. Lindiwe hat noch vier jüngere Geschwister. Sie ist für ihre Geschwister verantwortlich und muss ihre Familie ernähren, da ihre Mutter zu krank ist. Lindiwe kann daher nicht regelmäßig die Schule besuchen. Habt ihr eine Idee, wie man Lindiwe helfen könnte?

Eure Chance zu helfen

Stellt euch vor, ihr hättet einen Posten in der südafrikanischen Regierung angetreten und hättet etwas Geld zur Verfügung. Welche Maßnahmen würdet ihr anordnen, um Kindern wie Lindiwe und ihren Familien zu helfen? Wo würdet ihr als Erstes eingreifen?
Hier findet ihr eine Tabelle mit verschiedenen Aspekten, die eventuell helfen könnten, etwas zu ändern. Versucht die Fragen zu beantworten, und überlegt, welche Bereiche ihr vielleicht für wichtiger haltet als andere. Wo würdet ihr in eurer Rolle als Regierungsmitglied als Erstes eingreifen?

Wo ist was möglich?	Antwort/Begründung
Warum ist die **Schulbildung für alle** Kinder wichtig?	
Was würde es bringen, wenn jeder, der mit HIV infiziert ist, ein **Medikament gegen AIDS** bekommt?	
Welchen Vorteil hätte es für Lindiwe, wenn sie die **Schule von 8.00–13.00 Uhr** besuchen könnte?	
Welchen Vorteil hätte es für Lindiwe, wenn ihre **Geschwister in einen Kindergarten** gehen könnten?	
Warum wäre es so hilfreich, wenn es im Slum von Masiphumelele **fließendes Wasser und Toiletten** geben würde?	
Warum ist es so wichtig, die Nachwirkungen der **Apartheid** zu beenden?	
Warum ist es so wichtig, dass Lindiwe eine **gute Ausbildung** erhält und einen **Beruf** lernt?	

© Verlag an der Ruhr | Autorin: Katrin Minner | ISBN 978-3-8346-2281-5 | www.verlagruhr.de

Wo ist was möglich? –
Unterwegs im tropischen Regenwald

Thema:	für jedes beliebige Sachthema einsetzbar – Beispiel hier: Tropen	**Dauer:**	ca. 25–45 Minuten
Ziel:	▶ Begriffe vernetzen ▶ begründen und argumentieren	**Teilnehmer:**	ganze Klasse, in Kleingruppen
		Material:	Begriffskarten (KV oder selbsterstellt), Papier und Stifte
Klasse:	5–13		

Beschreibung

In diesem Spiel geht es darum, Beziehungen zwischen verschiedenen Begriffen herzustellen.

Vorbereitung: Per Zufallsprinzip teilt der Lehrer die Klasse in Kleingruppen mit je drei bis vier Schülern auf. Jede Gruppe bekommt ein Blatt mit Begriffskarten (KV) ausgeteilt und schneidet die Karten auseinander. Sie werden anschließend auf dem Tisch verteilt. Zusätzlich legt sich jeder Spieler Papier und Stift bereit.

Durchführung: Der erste Schüler in jeder Gruppe wählt aus den Begriffen zwei aus und legt sie gut sichtbar an den Rand. Jeder der anderen Spieler überlegt sich jetzt dazu einen passenden dritten Begriff und schreibt diesen verdeckt auf einen leeren Zettel. Wenn alle fertig sind, decken die Schüler nach einander ihre Begriffe auf und müssen ihre Auswahl für die anderen nachvollziehbar begründen. Je intensiver die Schüler sich zuvor mit dem Thema auseinandergesetzt haben, desto vielfältiger die Lösungsmöglichkeiten.

BEISPIEL: Der erste Schüler legt die Begriffskarten „Regenwald" und „Zerstörung" an den Rand des Tisches. Der nächste Schüler schreibt auf einen leeren Zettel den Begriff „Tropenholzer" und erklärt seinen Mitschülern die Auswahl: „Der Regenwald wird vielerorts abgeholzt, weil das wertvolle Tropenholz verkauft werden und viel Geld einbringen kann".

Variante

Differenzierungsmöglichkeit: Starke Lerngruppen können ein eigenes Kartenset mit Begriffen zur aktuellen Unterrichtsreihe entwerfen.

Reflexion

Diskutieren Sie am Ende des Spiels mit Ihrer Klasse folgende Fragen:
- ▶ Gab es Begriffe, bei denen es schwer war, sie in einen Zusammenhang zu bringen?
- ▶ Gibt es Themenfelder, die euch besonders leicht gefallen sind?
- ▶ Habt ihr etwas von euren Mitschülern gelernt? Was?
- ▶ Wie beschreibt ihr die Arbeitsatmosphäre in der Gruppe?

Wo ist was möglich? – Unterwegs im tropischen Regenwald

Kopiervorlage: Beispiel–Begriffskarten

Regenwald	Aufsitzer-pflanzen	Brettwurzeln	Stockwerkbau
Palmen	Orang-Utans	Sumatra	Borneo
Amazonas	Ara	Tukan	Mangroven
Abholzung	Zerstörung	nährstoffarmer Boden	Regenwald lebt aus sich selbst
Nährstoff-kreislauf	Südamerika	Mittelamerika	Afrika
Südasien	Tages-zeitenklima	Horizont	Gewitter
Bodenschicht	Strauchschicht	Krautschicht	Kronenschicht

© Verlag an der Ruhr | Autorin: Katrin Minner | ISBN 978-3-8346-2281-5 | www.verlagruhr.de

Tabu – Passt auf, was ihr sagt!

Thema: Allgemeinwissen Erdkunde, auch auf spezielle Sachthemen anpassbar	**Klasse:** 7–13
	Dauer: beliebig
Ziel: ▸ geografische Begriffe erklären und erraten	**Teilnehmer:** ganze Klasse, in zwei Großgruppen
▸ Ausbau eines Begriffsnetzes an Fachvokabular	**Material:** selbsterstellte Tabukarten, zwei (Stopp-)Uhren
▸ Informationen verknüpfen	

Beschreibung

Vorbereitung: Zunächst müssen „geografische Tabukarten" erstellt werden (dafür eignen sich bspw. Karteikarten). Genau wie bei dem bekannten Spiel steht darauf oben der zu erklärende Begriff und darunter fünf weitere Begriffe, die nicht zum Erklären benutzt werden dürfen. Anschließend bildet der Lehrer per Zufallsprinzip zwei große Gruppen. Sie spielen gegeneinander. Jede Gruppe bestimmt einen Spielleiter; außerdem wird ein Zeitnehmer bestimmt. Die Tabu-Karten werden gut gemischt, und die beiden Spielleiter bekommen je einen halben Stapel.

Durchführung: Der Zeitnehmer gibt das Startsignal, und beide Gruppen spielen parallel. Der erste Schüler bekommt vom Spielleiter die erste Karte vorgehalten. Er muss den Begriff seinen Mitspielern erklären, ohne jedoch die verbotenen Wörter oder auch einen Teil des gesuchten Begriffs (z.B. Vulkan oder Ausbruch) zu verwenden. Errät die Gruppe richtig, zeigt der Spielleiter die nächste Karte. Ist eine Karte zu schwer, darf der Erklärer auch „Weiter!" sagen, und er bekommt eine neue Karte vorgehalten.
Nach 90 Sekunden ruft der Zeitnehmer laut und deutlich „Stopp!".
Beide Gruppen zählen die richtig erratenen Begriffe.
Die Gruppe, die die meisten Begriffe erraten hat, bekommt einen Punkt an der Tafel, dann beginnt die nächste Runde (in der zwei andere Schüler erklären müssen). Wer am Ende die meisten Punkte hat, gewinnt.

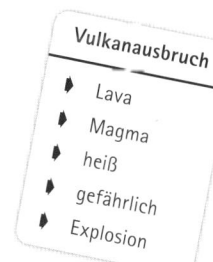

Varianten

▸ Die Schüler können die Tabu-Karten selbst erstellen und Begriffe dafür sammeln.
▸ Einfacher wird es, wenn die Schüler die zu erklärenden Begriffe mit Gesten oder einer Zeichnung verdeutlichen dürfen.

Reflexion

Diskutieren Sie im Anschluss an das Spiel mit Ihrer Klasse folgende Fragen:
▸ Konntet ihr die Begriffe gut herleiten und erklären?
▸ Gab es Begriffe, die ihr besonders schwer fandet?
▸ Wie seid ihr mit dem Zeitdruck zurechtgekommen?

Der bessere Redner gewinnt

Fachgespräche

Thema:	für jedes beliebige Sachthema einsetzbar	**Klasse:**	7–13
		Dauer:	ca. 45 Minuten
Ziel:	▶ freies Sprechen trainieren	**Teilnehmer:**	ganze Klasse, in Kleingruppen
	▶ Fachbegriffe anwenden	**Material:**	Papier und Stifte
	▶ mit Zeitdruck umgehen lernen		
	▶ Informationen bündeln und verarbeiten		

Beschreibung

In diesem Spiel geht es darum, so viele Fachbegriffe wie möglich in einen freien Vortrag zu integrieren.

Vorbereitung: Per Zufallsprinzip teilt der Lehrer die Klasse in möglichst gleich große Gruppen ein (ca. vier Schüler pro Gruppe). Außerdem wird ein Zeitwächter bestimmt, der später die Zeit stoppt.

Durchführung: Der Lehrer gibt das Oberthema vor (z.B. Leben in der Kälte). Die Schüler haben nun drei Minuten Zeit, um – jeder für sich – so viele Stichpunkte (Fachbegriffe) zu dem Thema zu notieren wie möglich. Anschließend tauschen sie sich innerhalb der Gruppen über ihre Ergebnisse aus und bestimmten per Los, wer aus der Gruppe die Rolle des Redners übernehmen soll. Die gesammelten Stichpunkte dienen dem Redner als Vorbereitung auf seine Rede.

Der Lehrer bestimmt nun zwei Schüler, die während der Reden die verwendeten Fachbegriffe zählen. (Zur Kontrolle zählt auch der Lehrer mit. Sollte es einmal sehr große Unterschiede geben, wird der Mittelwert gebildet.)

Nacheinander treten nun die Redner gegeneinander an. Jeder von ihnen hat genau eine Minute Zeit, einen Vortrag zum Thema zu halten und dabei so viele Fachbegriffe wie möglich unterzubringen.

Gewonnen hat am Ende die Gruppe, deren Redner die meisten Begriffe in seiner Rede verwendet hat. Bei Gleichstand entscheidet ein Stechen. Dazu werden neue Redner aus den Gruppen gewählt, die dann gegeneinander antreten.

Variante

Differenzierungsmöglichkeit: Für stärkere Lerngruppen bzw. höhere Klassenstufen kann die Aufgabe dahingehend abgewandelt werden, dass neben dem Fachwissen und dem freien Sprechen vor der Klasse auch das Argumentieren trainiert wird. Das Ziel besteht darin, in einer Pro-und-Kontra-Diskussion so viele Fachbegriffe wie möglich anzuwenden.

Vorbereitung: Die Klasse wird in zwei Gruppen geteilt – eine davon übernimmt die Pro-Rolle, die andere die Kontra-Rolle.

Der bessere Redner gewinnt

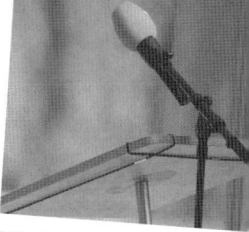

Durchführung: Innerhalb der Gruppe machen sich die Schüler drei Minuten lang Notizen zu dem vorgegebenen Thema.

BEISPIEL: Ein Staudamm soll gebaut werden.

Pro: Trinkwasserversorgung, Energiegewinnung, Tourismus wird angekurbelt ...

Kontra: Menschen müssen ihre Heimat verlassen, Umsiedlung, Zerstörung der Tier- und Pflanzenwelt ...

Bei der Zusammenstellung der Argumente sollen auch Fachbegriffe zu dem Thema gesammelt werden. Nach Ablauf der Zeit tragen die Gruppen ihre Ergebnisse zusammen. Nun bestimmt jede Gruppe einen Redner. Diese beiden treten gegeneinander an. Nacheinander bekommen Sie genau eine Minute Zeit, um Ihren Standpunkt darzulegen und zu begründen. Auch hier achten ein Zeitnehmer und ein Schiedsrichter auf die Uhr und die verwendeten Fachbegriffe (für jeden gibt es einen Punkt). Die Gruppe, deren Redner die meisten Fachbegriffe mit in seine Argumentation eingebaut hat, ist Sieger.

Reflexion

Diskutieren Sie im Anschluss an dieses Spiel mit Ihrer Klasse folgende Fragen:

- Wie hat euch das Spiel gefallen? Warum?
- War es schwierig, unter Zeitdruck geeignete Begriffe (bzw. Argumente) zusammenzutragen?
- Wie sind die Redner mit dem Zeitdruck zurechtgekommen?
- War es schwierig, alleine vor der Klasse zu sprechen?
- Habt ihr Tipps, wie man sich auf ein solches Rede-Duell gut vorbereiten kann?
- Was habt ihr durch dieses Spiel gelernt?

Täuschungsmanöver

Fachgespräche

Thema:	für jedes beliebige Sachthema einsetzbar – Beispiel hier: Leben in Trockenräumen	**Klasse:**	5–13
		Dauer:	ca. 20 Minuten
Ziel:	▶ Wiederholung der wichtigsten geografischen Begriffe am Ende einer Unterrichtsreihe	**Teilnehmer:**	ganze Klasse, in zwei Gruppen
		Material:	---

Beschreibung

Vorbereitung: An die Tafel werden per Handzeichen 15–20 Begriffe zu dem vorgegebenen Thema geschrieben.

BEISPIEL: „Leben in Trockenräumen" ? Dünen, Kieswüste, Felswüste, Sandwüste, Tuareg, Desertifikation, Oase, artesische Brunnen, Sahara, Dromedar, Wadi, Bodenerosion, Sandsturm, Grundwasseroase, Flussoase, Nomaden, Überweidung, Bodenversalzung ...

Durchführung: Der Lehrer teilt die Klasse in zwei Gruppen auf. Jede Gruppe bestimmt einen Spieler, der vorne im Duell antritt. Das Los entscheidet, wer von beiden die Rolle des „Täuschers" übernimmt. Der Täuscher beginnt: Er erklärt einen der Begriffe an der Tafel, zeigt dabei allerdings auf einen ganz anderen. Er zeigt bspw. auf „Felswüste" und sagt: „Es sind die Ureinwohner der Sahara". Dies ist eigentlich die Definition von „Tuareg". Der Gegenspieler hat jetzt zwei Aufgaben: Erstens muss er die richtige Definition von „Felswüste" geben, und zweitens muss er dabei auf den Begriff zeigen, den der Täuscher erklärt hat. Gelingt ihm das, bekommt seine Mannschaft einen Punkt.
Gelingt es dem Täuscher, seinen Gegner in die Irre zu führen, bekommt seine Gruppe einen Punkt.
Nun werden die beiden bereits erklärten Begriffe weggewischt, und ein neues Schülerpaar tritt gegeneinander an. Die Gruppe, die am Ende die meisten Punkte ergattert hat, ist Sieger.

Reflexion

Diskutieren Sie im Anschluss an das Spiel mit der Klasse folgende Fragen:
- ▶ Wie hat euch das Spiel gefallen? Warum?
- ▶ Konntet ihr alle Begriffe erklären? Bei welchen Begriffen gab es Schwierigkeiten?
- ▶ Gab es Begriffe oder ganze Themenbereiche, die noch einmal vertieft werden müssen?

Quelle: vgl. Boonstra, Robert: Energizer im Geografieunterricht, in: Praxis Geographie: Spielend Lernen – Neue Spiele für den Geographieunterricht, Westermann, Ausgabe Juli/August 2010, S. 27–29

Geografische Begriffskette

Thema:	für jedes beliebige Sachthema einsetz-bar – Beispiel hier: Küstenschütz	**Klasse:** 7–13
		Dauer: ca. 15 Minuten
Ziel:	▶ Wiederholung zum Abschluss einer Unterrichtsreihe	**Teilnehmer:** ganze Klasse
	▶ kreative Zusammenhänge im Unter-richtsstoff suchen und erklären	**Material:** ein großer Bogen Papier (z.B. Packpapier) und Stifte
	▶ vernetztes Denken	

Beschreibung

Vorbereitung: Das Papier wird in die Mitte des Klassenzimmers gelegt. Alle Schüler versammeln sich drum herum.

Durchführung: Der Lehrer nennt das Oberthema, z.B. „Küstenschutz". Die Schüler schreiben nacheinander je einen Begriff zu diesem Thema auf den Bogen Papier. Dopplungen sind nicht erlaubt. Es wird der erste Schüler bestimmt, der seinen Begriff laut vorliest, z.B. „Flut". Dieser Schüler nimmt nun einen beliebigen Mitschüler an die Reihe, der ebenfalls seinen Begriff vorliest. Der Begriff könnte bspw. lauten: „Deich". Jetzt muss der zweite Schüler den Zusammenhang zwischen „Flut" und „Deich" erklären. Hat er erfolgreich einen Zusammenhang zwischen den beiden Begriffen hergestellt, nimmt er den nächsten Mitschüler an die Reihe. Dieser hat bspw. den Begriff „Sturmflut" aufgeschrieben. Er muss versuchen, einen Zusammenhang zwischen „Deich" und „Sturmflut" herzustellen. Das Spiel ist zu Ende, wenn jeder Schüler seinen Begriff genannt und einen Zusammenhang erklärt hat.

Variante

Es ist auch möglich, dieses Spiel in Kleingruppen zu spielen. So verkürzt sich die Wartezeit, und die Fachgespräche sind intensiver. Jeder Schüler ist gefordert, aufzupassen.

Reflexion

Diskutieren Sie im Anschluss mit der Klasse folgende Fragen:
- ▶ Wie hat euch das Spiel gefallen? Warum?
- ▶ Konntet ihr euer Fachwissen gezielt anwenden?
- ▶ Was habt ihr während dieses Spiels gelernt?
- ▶ Welche Schwierigkeiten gab es während des Spiels?
- ▶ Wurden die Zusammenhänge immer nachvollziehbar erklärt? Gab es eventuell auch Nachfragen?

Breaking news – Erdkunde aktuell

Fachgespräche

Thema:	jegliche aktuelle geografische Themen	**Klasse:**	8–13
Ziel:	▶ Internetrecherche	**Dauer:**	ca. 45 Minuten
	▶ Informationen verstehen und zusammenfassen	**Teilnehmer:**	ganze Klasse, in Kleingruppen
	▶ Relevanz von Informationen beurteilen	**Material:**	Internetzugang

Beschreibung

Die Schüler spielen hier „Nachrichtenagentur": Sie müssen die Berichterstattung zu aktuellen (geografischen) Themen sichten und gemeinsam überlegen, wie sie die Informationen für einen Beitrag in einer Nachrichtensendung aufbereiten und präsentieren.

Vorbereitung: Der Lehrer teilt die Klasse per Zufallsprinzip in Gruppen mit je drei bis vier Schülern ein. Jede Gruppe bildet eine Nachrichtenagentur und bekommt vom Lehrer ein aktuelles (geografisches) Thema zugeteilt.

Durchführung: Die Schüler schauen sich das ihnen zugeteilte Thema genau an. Dafür können sie im Internet recherchieren. Jeder macht sich zunächst eigene Notizen darüber, welche Informationen in den Nachrichten genannt werden sollen. Anschließend tragen die Schüler ihre Ergebnisse innerhalb der Gruppe zusammen. Sie überlegen nun gemeinsam, wie ihr Nachrichtenbeitrag aufgebaut werden soll, und formulieren einen Text. Außerdem wählen sie geeignetes Bildmaterial aus, das sie während des Beitrags zeigen können. Es darf natürlich nicht einfach ein Artikel aus dem Internet kopiert werden – zur Kontrolle lässt der Lehrer sich die Beiträge vor der Präsentation zeigen. Schließlich bestimmt jede Gruppe einen Nachrichtensprecher, der den Beitrag vorträgt.

„Es ist 20 Uhr. Die Nachrichten ..." – Die Nachrichtensprecher tragen nun nacheinander ihre Beiträge der ganzen Klasse vor (ggf. halten andere Mitglieder der jeweiligen Gruppe parallel ein Foto oder eine Grafik hoch). So entsteht eine komplette Nachrichtensendung zu den aktuellen Themen.

Reflexion

Diskutieren Sie im Anschluss an das Spiel mit Ihrer Klasse folgende Fragen:
- ▶ Ist es euch leichtgefallen, Informationen im Internet zu eurem Thema zu sammeln?
- ▶ Wie hat die Teamarbeit funktioniert? Konnte jeder seine Ideen einbringen?
- ▶ Konntet ihr etwas von euren Mitschülern lernen?
- ▶ Welchen Nachrichtenbeitrag fandet ihr am gelungensten? Warum?

Memory® – Rekorde der Welt

Thema:	physisch-geografische Weltrekorde, Allgemeinwissen	**Klasse:**	5–7
Ziel:	▶ Gedächtnistraining	**Dauer:**	ca. 20 Minuten
	▶ Topografie-Training	**Teilnehmer:**	ganze Klasse, in Paaren
	▶ ein eigenes Memory® entwerfen	**Material:**	Memory®-Karten (KV)

Beschreibung

Mit diesem Memory® kann die Allgemeinbildung in Sachen physisch-geografische Rekorde vermittelt, wiederholt und gefestigt werden. Das Spiel eignet sich auch hervorragend für Schüler, die mit einer Aufgabe schneller fertiggeworden sind und sich in der Wartezeit auf ihre Mitschüler sinnvoll beschäftigen sollen.

Vorbereitung: Der Lehrer fordert die Schüler auf, sich zu zweit zusammenzutun. Er teilt die Kopiervorlage aus und bittet die Schüler, die Memory®-Karten auszuschneiden.

Durchführung: Die Schüler legen alle Memory®-Karten mit den Bildern nach unten gut vermischt zwischen sich. Abwechselnd decken sie immer zwei Karten auf. Passen die Karten zusammen, so darf der jeweilige Schüler das Pärchen aus dem Spiel nehmen und für sich behalten. Sieger ist derjenige, der am Ende die meisten Kartenpaare gesammelt hat.

Varianten

▶ Wenn genug Zeit ist, können die Schüler die Rekorde-Orte im Atlas nachschlagen und das Wissen somit topografisch besser vernetzen.

▶ Die Schüler können das Memory® beliebig erweitern.

Reflexion

Diskutieren Sie im Anschluss an dieses Spiel mit ihren Schülern folgende Fragen:

▶ Wie hat euch das Spiel gefallen? Warum?

▶ War es zu einfach bzw. zu schwer?

▶ Konntet ihr euer Vorwissen Gewinn bringend anwenden?

▶ Was habt ihr bei diesem Spiel gelernt?

Memory® – Rekorde der Welt

Kopiervorlage

Antarktis	Größte Wüste der Welt (13 200 000 km²)	Lut-Wüste, Iran	Höchste je auf der Erde gemessene Temperatur (70,7 °C)
Mount Everest	Höchster Berg der Welt (8 848 m)	Nil	Längster Fluss der Welt (6 671 km)
Salto Angel, Venezuela	Höchster Wasserfall der Welt (979 m)	Great Barrier Rief, Australien	Größtes Korallenriff der Welt (2 000 km lang/ 260 000 km²)
Grönland	Größte Insel der Welt (2 130 800 km²)	Baikalsee, Russland	Tiefster See der Welt (1 637 m)
Marianengraben, Pazifischer Ozean	Tiefster Punkt der Erdoberfläche (11 000 m unter dem Meeresspiegel)	Wostok-Station, Antarktis	Tiefste je auf der Erde gemessene Temperatur (−89,2 °C)

© Verlag an der Ruhr | Autorin: Katrin Minner | ISBN 978–3–8346–2281–5 | www.verlagruhr.de

Domino – Querbeet durch Europa

Thema:	Landeskunde Europas	**Klasse:**	6–8
Ziel:	▶ Wissen über Europas Hauptstädte, Sehenswürdigkeiten etc. abrufen, festigen und erweitern ▶ ein Domino-Spiel selbst herstellen	**Dauer:**	ca. 25–45 Minuten
		Teilnehmer:	ganze Klasse, in Kleingruppen
		Material:	Blanko-Domino-Karten (Pappkarten im Verhältnis 2 : 1)

Beschreibung

Vorbereitung: Zunächst werden Kleingruppen mit je vier bis fünf Schülern gebildet. Die Aufgabe besteht erst einmal darin, 10 verschiedene Begriffe zu einem europäischen Land (z.B. Großbritannien) auf einen Zettel zu schreiben (denkbar wären hier: London, Tower Bridge, Big Ben, Queen Elisabeth II, Fish and chips, Themse ...). Anschließend verteilt der Lehrer an jede Gruppe 30 leere Domino-Karten. Die Schüler schreiben die aufgelisteten Begriffe so darauf, dass jeder 3-mal im Spiel vorkommt (natürlich nicht auf derselben Dominokarte). Wenn alle fertig sind, mischen die Gruppen ihre Karten gut durch und teilen sie unter den Spielern gleichmäßig aus. Die Karten werden verdeckt gehalten.

Durchführung: Der erste Spieler legt aus seiner Hand eine Karte als Startkarte in die Mitte des Tisches. Reihum darf nun jeder Schüler eine Karte anlegen – aber nur, wenn sie passt. Hat ein Schüler keine passende Karte, muss er aussetzen. Wer als Erstes alle seine Karten losgeworden ist, hat gewonnen.

BEISPIEL:

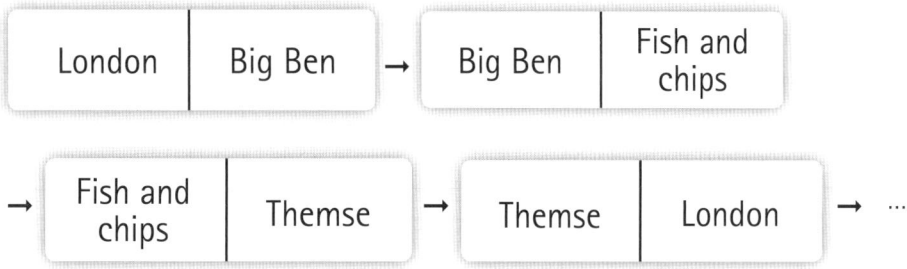

Sollte es einmal so sein, dass niemand mehr eine Karte anlegen kann, gewinnt der, der noch am wenigsten Karten auf der Hand hat.

Reflexion

Diskutieren Sie am Ende des Spiels mit Ihren Schülern folgende Fragen:

▶ Ist es euch leichtgefallen, Begriffe zu dem genannten Land zu finden?
▶ Was habt ihr bei diesem Spiel gelernt?

Dreieckspuzzle

Legespiele

Thema: für jedes beliebige Sachthema einsetzbar	**Klasse:** 7–13	

Thema: für jedes beliebige Sachthema einsetzbar

Ziel: ▶ Inhalte wiederholen und festigen am Ende einer Unterrichtseinheit
▶ im Team ein eigenes Puzzle entwickeln

Klasse: 7–13

Teilnehmer: ganze Klasse, in Kleingruppen

Dauer: ca. 45 Minuten

Material: Dreieckspuzzle-Vorlage (KV)

Beschreibung

Vorbereitung: Der Lehrer teilt die Klasse in Kleingruppen zu je drei bis fünf Schülern ein. Jede Gruppe erhält eine Puzzle-Vorlage (KV), die zuvor auf DIN A3 kopiert wurde. Außerdem nennt der Lehrer den Schülern ein Oberthema.

Durchführung: Jede Gruppe denkt sich nun gemeinsam 18 kurze Fragen (und dazu passende Antworten) aus, die unter das genannte Oberthema fallen. Diese übertragen sie in die Puzzlevorlage (siehe Beispiel). Anschließend schneiden sie die einzelnen Dreiecke aus. Die Puzzles werden nun unter den Gruppen getauscht. Nach einem Startsignal vom Lehrer versuchen alle Gruppen, so schnell wie möglich die ihnen neu vorliegenden Puzzleteile zu einem großen Dreieck zusammenzusetzen. Die Gruppe, die ihr Puzzle zuerst richtig zusammengelegt hat, hat gewonnen.

Variante

Differenzierungsmöglichkeit: Das Spiel wird etwas leichter, wenn der Lehrer die 18 Fragen vorgibt, und die Schüler nur noch die Antworten hinzufügen müssen.

Reflexion

Diskutieren Sie am Ende des Spiels mit Ihren Schülern folgende Fragen:
▶ Wie hat die Arbeit im Team funktioniert?
▶ Habt ihr euch die Aufgaben aufgeteilt oder alles gemeinsam erarbeitet?
▶ Ist es euch leichtgefallen, Fragen und Antworten zu dem Thema zu formulieren?
▶ Habt ihr Tipps, wie man am besten an solch eine Aufgabe herangeht?
▶ Gibt es Themen, die ihr noch einmal wiederholen möchtet?

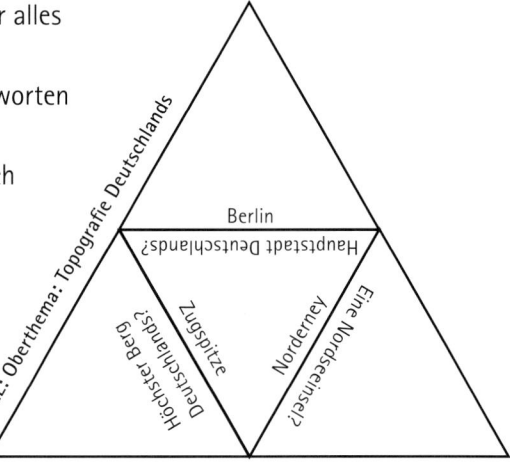

Dreieckspuzzle

Kopiervorlage: Dreieckspuzzle-Vorlage

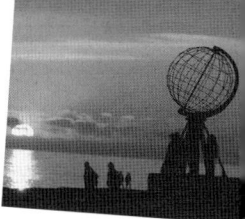

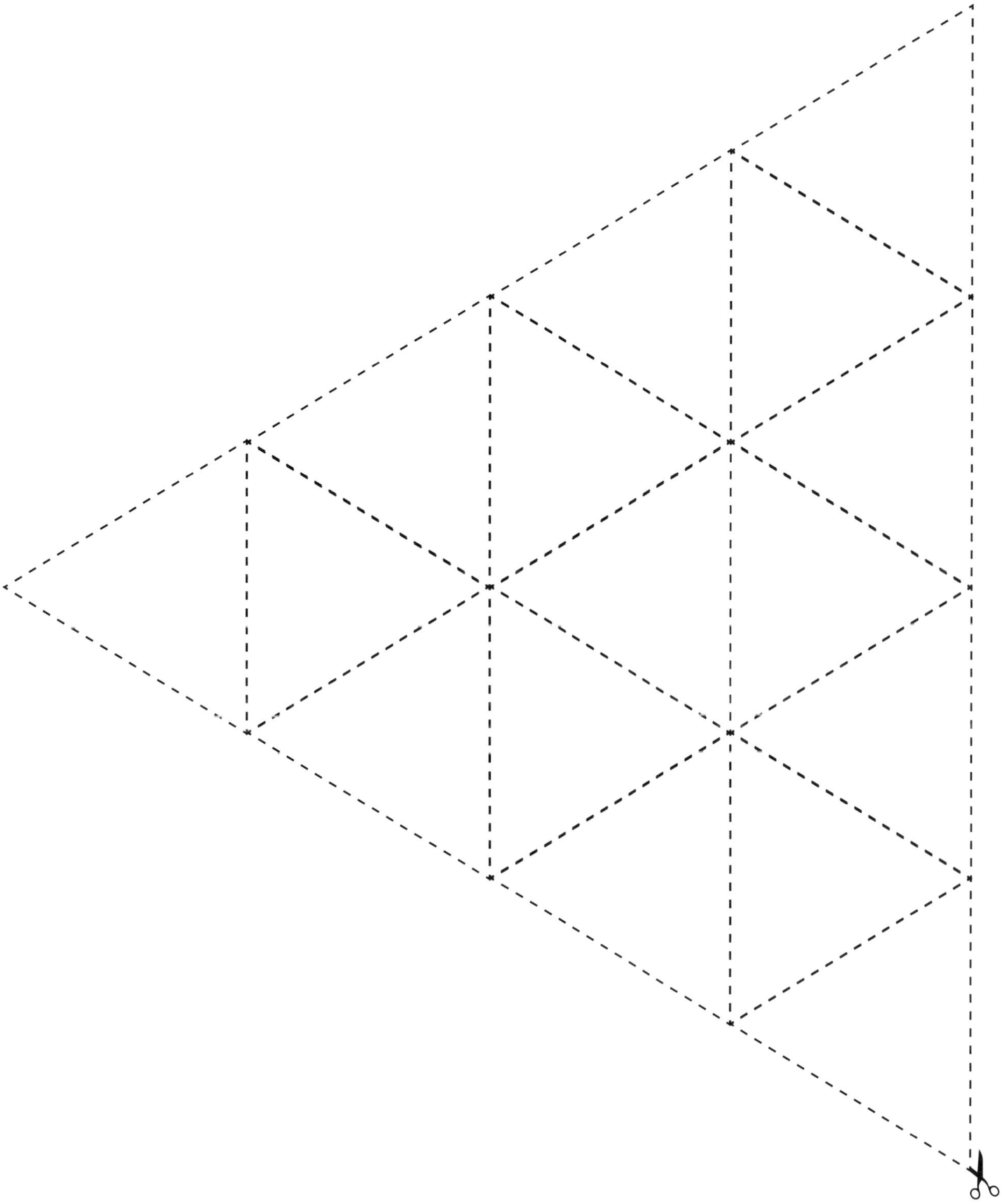

© Verlag an der Ruhr | Autorin: Katrin Minner | ISBN 978-3-8346-2281-5 | www.verlagruhr.de

Land in Sicht –
Das Kap der Guten Hoffnung

Thema:	nicht themengebunden	**Klasse:**	7–10
Ziel:	▶ Kommunikations- und Teamfähigkeit trainieren	**Dauer:**	ca. 45 Minuten
	▶ seine Meinung begründen	**Teilnehmer:**	ganze Klasse, in Gruppen
	▶ gemeinsam eine Lösung finden	**Material:**	Atlanten und KV

Beschreibung

Vorbereitung: Der Lehrer teilt die Klasse per Zufallsprinzip in möglichst gleich große Gruppen ein (ca. sechs Schüler pro Gruppe). Jeder Schüler bekommt ein Arbeitsblatt (KV), und es wird ein Atlas pro Gruppe ausgeteilt.

Durchführung: Die Schüler lesen sich die Ausgangssituation durch und überlegen zunächst alleine, welche zehn Gegenstände sie mit in das Rettungsboot nehmen würden. Dann tauschen sie in der Gruppe ihre Meinungen aus und müssen sich auf einen Kompromiss einigen. Anschließend entwickeln sie eine Strategie, mit der sie versuchen, das Kap der Guten Hoffnung zu erreichen.
Am Ende präsentiert jede Gruppe ihr Ergebnis. Die Schüler begründen ihre Wahl der zehn Gegenstände und erklären, wie sie die Rettungsaktion geplant haben.

Variante

Die Gruppen können selbst eine Liste mit Gegenständen, die sinnvoll bzw. weniger sinnvoll sind, erstellen. Diese neuen Listen werden dann gemischt und wieder ausgeteilt, sodass jeder Gruppe eine unbekannte Gegenstandssammlung vorliegt.

Reflexion

Diskutieren Sie im Anschluss an das Spiel mit Ihrer Klasse folgende Fragen:
- ▶ Was habt ihr während des Spiels gelernt?
- ▶ Konntet ihr eure Argumente für die gewählten Gegenstände gut anbringen?
- ▶ Fiel es euch schwer, Kompromisse zu schließen?
- ▶ Wie seid ihr an die Aufgabe, euch eine Rettungsstrategie auszudenken, herangegangen?

Quelle: vgl. www.spielereader.org

Land in Sicht –
das Kap der Guten Hoffnung

Kopiervorlage: Spielanleitung

Ausgangssituation:
Du segelst mit deinen Freunden
mit einer Yacht auf dem offenen Meer.
Eure Position ist 30° südliche Breite und
10° östliche Länge.

Rettungsauftrag 1: Sucht im Atlas eure Position.

Plötzlich entdeckt ihr ein Leck, dass sich nicht flicken lässt.
Ihr müsst deshalb so schnell wie möglich in das Rettungsboot umsteigen.
Dabei dürft ihr nur zehn der unten aufgelisteten Gegenständen mitnehmen.

Rettungsauftrag 2: Für welche würdest du dich entscheiden? Kreuze sie an.
Lege dir Argumente zurecht, warum du genau diese zehn Dinge mitnehmen würdest.

☐ 5 m Nylonschnur

☐ Erste-Hilfe-Koffer

☐ Seife und Shampoo

☐ Sonnencreme

☐ 1 Flasche Schnaps

☐ 6 Tafeln Schokolade

☐ 1 Angel

☐ 1 scharfes Messer

☐ 25 l Trinkwasser

☐ 1 großes Moskitonetz

☐ Karte des Atlantischen Ozeans
 und einen Kompass

☐ Nahrungsration für eine
 Person (reicht für einen Tag)

☐ aufblasbares Kopfkissen

☐ 24 l Dieselöl

☐ Funkgerät

☐ 1 l Haifisch-Abwehr-Flüssigkeit

☐ 10 m² Plastikfolie

Rettungsauftrag 3: Da du nicht alleine auf der Yacht bist, musst du dich mit den anderen Insassen auf die zehn wichtigsten Gegenstände einigen. Setze dazu deine Argumente ein. Höre aber auch genau zu, wie die anderen ihre Wahl begründen.

Rettungsauftrag 4: Wenn ihr euch geeinigt habt, müsst ihr gemeinsam überlegen, wie ihr mit Hilfe der zehn Gegenstände das Kap der Guten Hoffnung erreichen wollt. Ihr seid noch 1000 km von dort entfernt. Weit und breit ist keine Hilfe in Sicht, ihr müsst euch also selbst mit den Dingen an Bord bis nach Kapstadt retten. Wie geht ihr vor?

Rettungsauftrag 5: Präsentiert eure Auswahl der Gegenstände und euren Rettungsweg den anderen Gruppen. Was meint ihr, welche Gruppe hat am ehesten eine Chance, am Kap der Guten Hoffnung anzukommen?

© Verlag an der Ruhr | Autorin: Katrin Minner | ISBN 978-3-8346-2281-5 | www.verlag-uhr.de

Stell dir vor, du lebst in ...

Rollenspiele

Thema:	andere Lebensbedingungen kennenlernen, Entwicklungs- vs. Industrieländer	**Klasse:**	7–13
		Dauer:	ca. 45 Minuten
Ziel:	▶ Schüler für die Lebenssituation anderer sensibilisieren ▶ sich in die Situation anderer hineinversetzen	**Teilnehmer:**	ganze Klasse bzw. vier Einzelschüler
		Material:	Rollenkarten (KV)

Beschreibung

Vorbereitung: Der Lehrer schneidet die vier Rollenkarten aus und verteilt sie per Zufallsprinzip an vier Schüler (Losverfahren). Jeder Schüler bekommt eine Rollenkarte.

Durchführung: Die Schüler bekommen 5 Minuten Zeit, sich mit ihrer neuen Rolle auseinanderzusetzen. In dieser Zeit suchen die anderen Schüler die vier Länder Kenia, Japan, Brasilien und Indien im Atlas oder auf der Wandkarte.
Die vier Schüler stellen sich nun der Reihe nach der Klasse vor: „Hallo, mein Name ist Manan, und ich komme aus Indien. Dort lebe ich in der Stadt Kalkutta, und ...". Dabei können die anderen Mitschüler Fragen stellen, auf die Manan, Naoki, Pedro und Bomani improvisiert antworten müssen (dafür ist natürlich ganz besonders viel Einfühlungsvermögen für die Rolle, in die die Schüler geschlüpft sind, notwendig). Abschließend vergleicht die Klasse gemeinsam die Lebenssituationen der vier Kinder. Mit wem würden die Schüler gerne mal für einen Tag tauschen und warum? Mit wem auf gar keinen Fall? Warum (nicht)?

Reflexion

Diskutieren Sie im Anschluss an das Spiel mit Ihrer Klasse folgende Fragen:
- Was habt ihr während des Spiels gelernt?
- Was war besonders schwer daran, in die Rolle eines fremden Kindes zu schlüpfen?
- Konntet ihr euch gut die dargestellten Lebenssituationen vorstellen?
- Was schätzt ihr an eurem Leben hier in Europa am meisten?

Stell dir vor, du lebst in ...

Kopiervorlage

Bomani

- ist ein Massai aus dem Massai-Mara-Gebiet in Kenia
- geht zur Schule
- lebt mit seiner Familie in einer Lehmhütte (Maniatta)
- Ziegen sind für ihn und sein Volk die Lebensgrundlage.
- Ab und zu führt er Touristen durch sein Dorf und erklärt die Lebensweise der Massai.

Naoki

- lebt in Tokio in Japan
- wohnt mit seiner Familie in einem Hochhaus in einer kleinen Wohnung
- geht morgens früh zur Schule und kommt erst spätabends zurück, weil er die sogenannte „Paukschule" besucht.
- spielt in der Schule gerne Tennis und lernt die traditionellen Kampfsportarten
- lernt die traditionelle Schriftkunst Shodo. Schuluniformen sind Pflicht.

Marta

- lebt in Rio de Janeiro in Brasilien
- Ihre Familie wohnt in einer Favela, in einer kleinen Holzhütte ohne Wasser und Strom.
- versucht durch Gelegenheitsjobs irgendwie Geld zu verdienen, um für seine Familie Essen kaufen zu können
- Diese Jobs auf den Straßen von Rio de Janeiro sind häufig gefährlich.
- kann nicht zur Schule gehen, da dazu das Geld fehlt

Manan

- ist ein indisches Mädchen aus Kalkutta
- sammelt Müll auf den Mülldeponien
- hat kein Zuhause und schläft stattdessen auf der Straße
- sucht sich Nahrungsmittel aus dem Müll, findet aber nicht immer genug zu essen
- Es besteht keine Chance, dass sie die Schule besuchen kann.

© Verlag an der Ruhr | Autorin: Katrin Minner | ISBN 978-3-8346-2281-5 | www.verlag-uhr.de

Der Ätna bricht aus!

Rollenspiele

Thema: kein bestimmtes Sachthema	**Klasse:** 7–13
Ziel: ◗ seine Meinung begründen und vertreten ◗ sich in die Lage anderer hineinversetzen	**Dauer:** ca. 45 Minuten
	Teilnehmer: ganze Klasse, in Großgruppen
	Material: Rollenkarten (KV)

Beschreibung

Vorbereitung: Der Lehrer teilt die Klasse in Gruppen zu möglichst je acht Schülern (mindestens sechs). Außerdem erhält jede Gruppe ein Rollenkarten-Set (KV), aus dem jeder Schüler eine Karte verdeckt zieht.

Nun erklärt der Lehrer die Ausgangssituation: „Während eines Aufenthalts auf Sizilien bricht plötzlich der Ätna aus. Viele Menschen sind in Lebensgefahr, und auch ihr seid unter ihnen. Der Flughafen in Catania ist der einzige Zufluchtsort. Viele Menschen sind in den letzten Stunden evakuiert worden. Die letzte Maschine startet in zwei Stunden. Leider sind die Plätze im Flugzeug begrenzt: Es sind nur noch vier frei.

Ihr steht nun mit sieben weiteren Passagieren am Ticketschalter. Wie werdet ihr euch einig, wer in das Flugzeug steigen darf? Die Zeit drängt. Trefft ihr keine Entscheidung, fliegt das Flugzeug ohne euch."

Durchführung: Die Schüler haben nun zunächst etwas Zeit, ihre Karten durchzulesen und in ihre Rollen zu schlüpfen. Dabei sollten sie sich auch mögliche Argumente, warum gerade sie einen Platz bekommen müssen, notieren und eine Strategie entwickeln, wie sie die anderen überzeugen wollen.

Anschließend wird eine Reihenfolge ausgelost, in der die einzelnen Personen sich innerhalb ihrer Gruppe zunächst den anderen nur kurz vorstellen. Danach beginnt die Diskussion: Die Passagiere bringen ihre Argumente vor und müssen versuchen, sich zu einigen, welche vier in das Flugzeug steigen dürfen. Wenn sie sich geeinigt haben, notieren sie ihre Entscheidung einschließlich der Gründe dafür und stellen dies am Ende des Spiels im Plenum vor.

Reflexion

Diskutieren Sie im Anschluss an das Spiel mit Ihrer Klasse folgende Fragen:

◗ Wie gut ist es euch gelungen, in die Rollen zu schlüpfen?

◗ Habt ihr sachlich diskutiert, oder ging es heiß her?

◗ Hätte es vielleicht auch noch andere Lösungen gegeben?

Der Ätna bricht aus!

Kopiervorlage: Rollenkarten

Du bist Vulkanologe. In Helsinki ist morgen ein sehr wichtiger Kongress, auf dem du deine Untersuchungsergebnisse vorstellen sollst. Es geht um deine Karriere als Wissenschaftler.

Du bist Geologie-Student. In den nächsten Tagen schreibst du eine wichtige Klausur. Verpasst du diese Klausur, so musst du noch ein Semester länger studieren. Dafür fehlt dir das Geld.

Du bist pensionierter Lehrer. Nächste Woche hast du einen Gesundheitscheck, den du nicht länger aufschieben darfst, weil du vor einem halben Jahr eine neue Herzklappe bekommen hast.

Du bist eine attraktive Studentin. Bisher hast du immer bekommen, was du wolltest. Vor zwei Wochen hast du dein Examen mit Auszeichnung bestanden. In zwei Tagen hast du ein Vorstellungsgespräch – von diesem hängt deine Zukunft ab. Setze deinen Charme ein!

Du bist in Rom mit einem alten Freund verabredet. Ihr habt euch seit vielen Jahren nicht mehr gesehen. Er hat nur morgen Zeit dich zu treffen, danach fliegt er zurück nach Neuseeland, wohin er vor Jahren ausgewandert ist.

Du machst eine Weltreise, und deine Ziele sind eng gesteckt. Wenn du den Platz in deinem Flugzeug nicht bekommst, verpasst du die Anschlussflüge für dein nächstes Ziel. Die Tickets hast du auch schon gekauft, und dein Budget ist begrenzt.

Du hast mit Freunden Urlaub auf Sizilien gemacht. Deine Freundin hat gestern schon die erste Maschine genommen. Du wolltest noch einen Tag länger bleiben, hast ihr aber versprochen, spätestens in zwei Tagen – rechtzeitig zu ihrem Geburtstag – wieder zu Hause zu sein. Kommst du zu spät, flippt deine Freundin aus.

Du bist Unternehmer und hast zwei Wochen lang mit deiner Familie Urlaub auf Sizilien gemacht. In der Firma gibt es ernste Probleme; „es brennt". Du musst so schnell wie möglich zurück, sonst gibt es eine Katastrophe. Du versprichst den anderen eine Menge Geld, wenn du den Platz im Flugzeug bekommst.

© Verlag an der Ruhr | Autorin: Katrin Minner | ISBN 978-3-8346-2281-5 | www.verlagruhr.de

Hart aber gerecht

Rollenspiele

Thema: für jedes beliebige Streitthema einsetzbar – Beispiel hier: Staudammbau	**Klasse:** 7–13
	Dauer: ca. 45–90 Minuten
Ziel: ▶ Argumentations- und Kommunikationsfähigkeit trainieren ▶ die eigene Meinung vertreten	**Teilnehmer:** ganze Klasse bzw. sechs Einzelschüler
	Material: Rollenkarten (KV oder selbsterstellt)

 ## Beschreibung

In diesem Spiel geht es darum, in einer Podiumsdiskussion über ein aktuelles Thema zu diskutieren. Hierzu schlüpfen die Schüler in verschiedene Rollen und nehmen deren Positionen ein. Das Spiel ist insbesondere dann sinnvoll, wenn das Thema zuvor im Unterricht behandelt wurde und die Schüler auf ihr Vorwissen zurückgreifen können.

Vorbereitung: Der Lehrer bestimmt einen Moderator, der durch die Diskussionsrunde führt. Er sollte in der Lage sein, zu moderieren (Reihenfolge der Redner bestimmen, nachfragen, eingreifen, wenn sich zwei Kontrahenten in die Haare bekommen etc.). Nun wird das Streitthema bekanntgegeben (hier: Staudammbau), und der Lehrer bestimmt die sechs Kandidaten. Diese ziehen jeder verdeckt eine Rollenkarte (KV) und erhalten drei Minuten Zeit, um sich mit ihrer Rolle auseinanderzusetzen und sich ggf. Notizen zu machen. Der Rest der Klasse ist das Publikum/die Presse. Die Schüler können sich ebenfalls Fragen zu dem Thema notieren.

Durchführung: Nun beginnt die Podiumsdiskussion: Der Moderator wendet sich an den ersten Kandidaten, der sich kurz vorstellt und seine Meinung zu dem Thema äußert. Anschließend ist der nächste Kandidat an der Reihe. Jeder muss die Möglichkeit erhalten, sich vorzustellen und seine Meinung vorzubringen. Anschließend kann weiter diskutiert und argumentiert werden. Auch das Publikum darf nun (per Handzeichen) Zwischenfragen stellen. Zum Abschluss kann abgestimmt werden – wer ist für, wer gegen den Bau?

 ## Reflexion

Diskutieren Sie im Anschluss an dieses Spiel mit Ihrer Klasse folgende Fragen:
- Haben eure Mitschüler die Rollen gut verkörpert? Woran macht ihr das fest?
- Konntet ihr euer Vorwissen sinnvoll anbringen?
- Was habt ihr während der Diskussion gelernt?
- Sind die Fragen ausführlich genug behandelt worden?
- Gibt es noch offene Fragen zu dem Thema?
- War es schwer, auf dem Podium seine Meinung zu vertreten? Warum?

Hart aber gerecht

Kopiervorlage: Rollenkarten

Ingenieur

Seine Firma verdient mit dem Projekt viel Geld.

+

Anwohner

Er müsste sein Haus verlassen und sich einen neuen Wohnort suchen, wenn der Staudamm gebaut wird. Die altgewachsene Freundschaft mit der Nachbarschaft ginge verloren.

−

Bürgermeister

Er verspricht sich eine Aufwertung der Region, weil ein Stausee Touristen anlockt. Außerdem würden neue Arbeitsplätze geschaffen werden.

+

Umweltschützer

Er betont, dass wichtige Lebensräume von Pflanzen und Tieren zerstört werden.

−

Stromversorger

Der Staudamm erzeugt mit Hilfe von Wasserkraft Strom und versorgt das Umland zuverlässig mit Trinkwasser.

+

Anwohner

Er arbeitet selbstständig und konnte sich im Laufe der Jahre eine Existenz in dem Ort aufbauen. Wenn er mit seiner Firma umziehen müsste, müsste er ganz von vorne anfangen.

−

© Verlag an der Ruhr | Autorin: Katrin Minner | ISBN 978-3-8346-2281-5 | www.verlagruhr.de

Bevölkerungsentwicklung als Perlenspiel

Rollenspiele

Thema:	Bevölkerungsentwicklung, demografischer Wandel	**Teilnehmer:**	ganze Klasse, in Kleingruppen
Ziel:	▶ verbesserte Vorstellung der komplexen Zusammenhänge und Tragweite von Ereignissen in der Bevölkerungsentwicklung	**Material:**	▶ farbige Holzperlen, je nach Klassenstärke ca. je 25 in den Farben rot, grün, gelb, braun, blau und orange
Klasse:	7–10		▶ eine Schüssel pro Gruppe
Dauer:	ca. 30 Minuten		▶ Tabelle zur Bevölkerungszusammensetzung und Ereigniskarten (KV)

 ## Beschreibung

Vorbereitung: Die Spieler arbeiten in Gruppen von drei bis vier Schülern zusammen. Jede Gruppe bekommt eine Schüssel mit den farbigen Holzperlen. Die Perlen sind folgendermaßen gemischt: pro Gruppe 25-mal rot, 25-mal grün, 25-mal gelb, 25-mal braun, 25-mal blau und 25-mal orange.

Jeder Schüler bekommt eine Bevölkerungsaufbau-Tabelle (Seite 1 der KV), aus der hervorgeht, welche Perlenfarbe welche Bevölkerungsgruppe darstellt.

Außerdem erhält jede Gruppe 36 Ereigniskarten mit den Bevölkerungsszenarios (Seite 2 und 3 der KV). Die Karten können vorab vom Lehrer ausgeschnitten werden, oder die Gruppen übernehmen diese Aufgabe selbst. Die Spielkarten werden gemischt und verdeckt auf einen Stapel in die Mitte des Tisches gelegt.

Durchführung: Jede Gruppe bestimmt einen Spielleiter. Er zieht und verteilt an jeden Mitspieler und sich selbst per Zufallsprinzip (mit verschlossenen Augen) 15 Perlen. Die restlichen Perlen bleiben in der Schüssel.

Jeder Schüler sortiert seine Perlen nach den Farben und trägt ihre Anzahl in seine Tabelle ein. Damit ist die aktuelle Bevölkerungszusammensetzung des Landes, das der Schüler vertritt, festgelegt.

Nun beginnt das Spiel. Der jüngste Spieler beginnt: Er zieht eine Karte vom Stapel, liest den Text laut vor und führt die Anweisung durch. Die Schüssel dient dabei als „Spielbank" für neugeborene, sterbende, wegziehende etc. Menschen. Danach ist im Uhrzeigersinn der nächste Spieler an der Reihe. So geht es immer reihum weiter.

Bei Anweisungen, in denen das Geschlecht nicht explizit genannt ist, kann der Schüler selbst entscheiden (wenn auf seiner Karte bspw. steht, dass ein Kind stirbt, kann er selbst entscheiden, ob er eine braune oder eine blaue Kugel in die Schüssel legt). Sollte einmal eine Anweisung nicht ausgeführt werden können, weil die entsprechende Bevölkerungsgruppe (also die genannte Perlenfarbe) nicht vorhanden ist, verfällt der Spielzug, und der nächste Spieler ist an der Reihe.

Bevölkerungsentwicklung als Perlenspiel

Alle Schüler beobachten die Veränderungen im Bevölkerungsaufbau ihres Landes. Sie legen die Kärtchen, die sie gezogen haben, in einer Reihe vor sich ab, sodass sie später nachvollziehen können, wie der Bevölkerungsaufbau zu Stande kam.

Die Spielzeit ist flexibel. Es kann ein zeitliches Limit gesetzt werden, oder aber die Gruppen spielen so lange, bis alle Karten „verspielt" sind.

Am Ende des Spiels halten die Schüler den jetzigen Bevölkerungsaufbau ihres Landes in ihrer Tabelle fest und vergleichen ihn mit der Ausgangssituation.

Variante

Nachdem die Schüler das Spiel einmal gespielt haben, können sie sich in kleinen Gruppen auch selbst verschiedene Szenarios ausdenken und auf Karten schreiben, um damit zu spielen bzw. andere Gruppen damit spielen zu lassen.

Reflexion

Diskutieren Sie im Anschluss an das Spiel mit Ihrer Klasse folgende Fragen:

- Gab es große Unterschiede bei der Verteilung der Perlen?
- Wie veränderte sich der Bevölkerungsaufbau eurer Länder? Schaut euch eure Kärtchen noch einmal genau an.
- Was verursachte einen Bevölkerungsrückgang bzw. ein -wachstum?
- Wie hat das Spiel funktioniert?
- Gab es an einigen Stellen Schwierigkeiten bei der Umsetzung? Warum?
- Welche Erfahrungen habt ihr während des Spiels gemacht?

Quelle: vgl. Palings, Hans: Bevölkerung aus der süßen Tüte, in: Praxis Geographie: Spielend lernen – Neue Spiele für den Geographieunterricht, Westermann, Ausgabe Juli/August 2010, S. 16

Bevölkerungsentwicklung als Perlenspiel

Kopiervorlage: Bevölkerungsaufbau-Tabelle

Perlenfarbe	Bevölkerungsgruppe	Anzahl der Perlen bei Spielbeginn	Anzahl der Perlen bei Spielende
Grün	Menschen über 65 Jahre		
Rot	Erwachsene Männer		
Gelb	Erwachsene Frauen		
Braun	Jungen		
Blau	Mädchen		
Orange	Migranten		

Perlenfarbe	Bevölkerungsgruppe	Anzahl der Perlen bei Spielbeginn	Anzahl der Perlen bei Spielende
Grün	Menschen über 65 Jahre		
Rot	Erwachsene Männer		
Gelb	Erwachsene Frauen		
Braun	Jungen		
Blau	Mädchen		
Orange	Migranten		

Perlenfarbe	Bevölkerungsgruppe	Anzahl der Perlen bei Spielbeginn	Anzahl der Perlen bei Spielende
Grün	Menschen über 65 Jahre		
Rot	Erwachsene Männer		
Gelb	Erwachsene Frauen		
Braun	Jungen		
Blau	Mädchen		
Orange	Migranten		

Perlenfarbe	Bevölkerungsgruppe	Anzahl der Perlen bei Spielbeginn	Anzahl der Perlen bei Spielende
Grün	Menschen über 65 Jahre		
Rot	Erwachsene Männer		
Gelb	Erwachsene Frauen		
Braun	Jungen		
Blau	Mädchen		
Orange	Migranten		

© Verlag an der Ruhr | Autorin: Katrin Minner | ISBN 978-3-8346-2281-5 | www.verlagruhr.de

Bevölkerungsentwicklung als Perlenspiel

Kopiervorlage: Ereigniskarten

Dein Land wird von einem Erdbeben heimgesucht. Zwei Menschen sterben.

Dein Land führt Krieg mit einem anderen Land (entscheide selbst, welches Land das ist). Es gibt große Verluste. Dein Land verliert zwei erwachsene Männer, dein Gegner einen erwachsenen Mann.

Jedes Paar (Mann und Frau) bekommt ein Kind.

Die Regierung deines Landes will das Bevölkerungswachstum bremsen. Eltern dürfen nur noch ein Kind haben. Weil man Jungen für wichtiger hält als Mädchen, werden viele Mädchen im Ausland zur Adoption freigegeben. Du verlierst ein Mädchen.

Es gibt plötzlich eine schwere Grippe-Epidemie. Die Hälfte aller älteren Bewohner stirbt.

Migranten sind in deinem Land nicht beliebt. Sie werden gezwungen, in das Land mit dem größten Anteil an Migranten zu emigrieren.

Eine Dürrekatastrophe herrscht in deinem Land. Ein Kind und ein älterer Bewohner sterben.

In deinem Land sind die Leute arm, und es gibt keine Arbeit. Alle erwachsenen Männer emigrieren in ein anderes Land deiner Wahl, um Arbeit zu suchen.

In deinem Land gibt es Kinderarbeit. Kinder müssen schwere und ungesunde Arbeit verrichten. Dadurch werden sie nicht alt. Ein Kind stirbt.

Durch eine Gesetzesänderung bekommen Migranten leichter Asyl. Aus jedem Land kommt ein Migrant in dein Land.

In deinem Land gibt es eine hohe Aidsrate. Zwei Erwachsene und ein Kind sterben.

Die Menschen in deinem Land sind arm. Kinder helfen auf dem Land und sorgen für die Eltern, wenn sie alt sind. Die Menschen bekommen viele Kinder. Es kommen zwei Kinder hinzu.

Im Juli und August herrscht eine Hitzewelle. Ein älterer Einwohner stirbt an der Hitze.

Letztes Jahr sind viele Männer in dein Land gekommen, um zu arbeiten. Die Frauen und Kinder dieser Männer kommen jetzt nach. Aus einem Land deiner Wahl immigrieren eine Frau und zwei Kinder.

Das Klima in deinem Land sorgt für nasse und kalte Winter. Rentner verlassen das Land, um im sonnigen Süden zu wohnen. Ein älterer Bewohner zieht weg.

Deinem Land geht es immer besser. Der Wohlstand nimmt zu, die Leute werden älter. Es kommt ein älterer Einwohner hinzu.

Es kommt eine neue Partei an die Macht, die den Migranten das Leben schwer macht. Migranten können ihre Meinung nicht mehr frei äußern und verlassen das Land. Zwei Migranten emigrieren (jeweils eine Person in ein Land deiner Wahl).

Viele Jungen werden im Krieg eingesetzt. Diese Kindersoldaten bekommen ein Gewehr und müssen auf den Feind schießen. Sie haben keine militärische Ausbildung. Zwei Jungen sterben.

© Verlag an der Ruhr | Autorin: Katrin Minner | ISBN 978-3-8346-2281-5 | www.verlagruhr.de

Bevölkerungsentwicklung als Perlenspiel

Kopiervorlage: Ereigniskarten

Die Wirtschaft des Landes wächst schnell. Es gibt eine enorme Nachfrage nach Rohstoffen. Die Sicherheit in den Bergwerken spielt dabei keine Rolle. Es passieren viele Unglücke. Ein erwachsener Mann stirbt.

Dein Land hat einen Vertrag mit einer ehemaligen Kolonie geschlossen. Viele junge Leute von dort wollen in deinem Land studieren. Jeweils ein Junge und ein Mädchen kommen aus einem Land deiner Wahl.

Es gibt viel Arbeit in deinem Land. Aus anderen Ländern kommen Menschen, um hier Arbeit zu finden. Aus jedem Nachbarland kommen ein Mann oder eine Frau.

Viele ältere Menschen, die einmal auf der Suche nach Arbeit in dein Land gekommen sind, wollen wieder zurück in ihre Heimat. Ein Migrant zieht in ein Land deiner Wahl.

Die Bevölkerung in deinem Land ist stark überaltert, d.h., es gibt immer mehr Sterbefälle. Ein älterer Bewohner deines Landes stirbt.

Im Winter ist es in deinem Land immer angenehm warm. Viele Rentner ziehen darum in dein Land. Aus jedem Land kommt eine ältere Person.

Entwicklungshilfe hat dazu geführt, dass das Trinkwasser immer sauberer wurde. Die Kindersterblichkeit nimmt ab. Zwei Kinder kommen dazu.

Auf dem Land gibt es wenig Krankenhäuser und Ärzte. Frauen bringen ihre Kinder alleine zur Welt. Die Müttersterblichkeit ist hoch. Eine Frau stirbt.

Jedes Paar (Mann und Frau) bekommt ein Kind.

Eine Naturkatastrophe bricht über dein Land herein. Eine Frau, ein Mann und zwei Menschen über 65 sterben.

In deinem Land hat es ein schweres Erdbeben gegeben. Eine Hilfsorganisation fliegt die Schwerverletzten aus. Schicke zwei Erwachsene über 65 Jahre und zwei Kinder in ein Land deiner Wahl.

In deinem Land herrscht Fachkräftemangel. Aus jedem Land kommen ein Mann und eine Frau, um bei dir zu arbeiten.

Viele Kinder in deinem Land leiden an Mangel- und Unterernährung. Außerdem sind Impfstoffe gegen Krankheiten sehr teuer. Ein Kind stirbt.

In deinem Land ist die Geburtenrate gestiegen. Du bekommst zwei Kinder dazu.

Aus religiösen Gründen werden die Migranten in deinem Land verfolgt. Sie müssen flüchten. Schicke zwei von ihnen in ein Land deiner Wahl.

© Verlag an der Ruhr | Autorin: Katrin Minner | ISBN 978-3-8346-2281-5 | www.verlagruhr.de

Zwei Stühle, zwei Meinungen

Thema:	für jedes beliebige Streitthema anpassbar – Beispiel hier: Tourismus in den Alpen, sanfter Tourismus, Umweltbewusstsein	Dauer:	ca. 45 Minuten

Thema: für jedes beliebige Streitthema anpassbar
– Beispiel hier: Tourismus in den Alpen,
sanfter Tourismus, Umweltbewusstsein

Ziel: ‣ Pro-und-Kontra-Argumente diskutieren
‣ seine Meinung darstellen und begründen
‣ fremde Positionen einnehmen

Dauer: ca. 45 Minuten

Klasse: 5–13

Teilnehmer: ganze Klasse, in Paaren

Material: Pro-und-Kontra-Karten
(KV oder selbsterstellt)

Beschreibung

In diesem Spiel schlüpfen die Schüler in die Rollen zweier Kontrahenten, in diesem Beispiel geht es um einen Bürgermeister und einen Umweltschützer, die über das Thema „Tourismus in den Alpen" diskutieren.

Vorbereitung: Der Lehrer kopiert die Vorlage in halber Klassenstärke und schneidet die Karten aus. Die Schüler finden sich in Paaren zusammen, und jedes Paar erhält ein Set Karten.

Durchführung: Die Paare sortieren zunächst die Karten in einen Pro- und einen Kontra-Stapel. Dadurch machen sie sich mit der Thematik vertraut und müssen selbst beurteilen, was positive und was negative Auswirkungen sind.
Jeder der beiden Spieler nimmt einen Stapel, sodass einer „Bürgermeister" und der andere „Umweltschützer" wird. Beide haben kurz Zeit, sich die Argumente noch einmal durchzulesen und sich eventuell Stichpunkte zu machen.
Anschließend stellen beide nacheinander ihrem Kontrahenten ihren Standpunkt dar.
Sie können nun gegeneinander argumentieren und versuchen, den anderen zu überzeugen.
Bei alledem dürfen die Schüler die Karten und ihre Notizen benutzen.
Nach einer vorgegebenen Zeit werden die Rollen getauscht.

Variante

Das Spiel kann für höhere Klassenstufen oder stärkere Lerngruppen etwas schwieriger gestaltet werden, indem die Schüler nach der Vorbereitungszeit die Argumente-Karten zur Seite legen müssen. Sie dürfen sie während der Diskussion nicht zur Hilfe nehmen.

Reflexion

Diskutieren Sie im Anschluss an das Spiel mit Ihrer Klasse folgende Fragen:
‣ Ist es euch schwergefallen, eure Argumente anzubringen?
‣ Welche Rolle fandet ihr angenehmer?
‣ Gibt es ein Thema, das ihr noch vertiefen möchtet?
‣ Fallen euch noch mehr Pro-und-Kontra-Argumente zu dem Thema ein?

Zwei Stühle, zwei Meinungen

Kopiervorlage: Pro-und-Kontra-Karten

Tourismus in den Alpen? Der Bürgermeister und ein Umweltschützer diskutieren.

Pro Tourismus ✂

Es ist genügend Geld da, um die Skigebiete auszubauen.	Neue Hotels bedeuten neue Arbeitsplätze für die Region.	Von der verbesserten Infrastruktur profitieren auch die Einheimischen.	Kunstschnee und Schneekanonen sichern die Skigebiete, wenn nicht genug Schnee vorhanden ist – so sind wir vom Wetter unabhängig.
Gastronomie ist im Sommer und im Winter möglich.	Das Restaurant auf dem Gipfel ist ein kulinarisches Erlebnis.	Jeder Einwohner profitiert von den Touristen.	Après-Ski-Partys – für jeden ist was dabei.
Junge Leute bekommen einen gesicherten Arbeitsplatz und haben eine Zukunft in unserer Region.	Das Geld, das wir durch die Touristen einnehmen, können wir wieder investieren.	Die Einheimischen können Fremdenzimmer vermieten und profitieren direkt vom Tourismus.	Unsere Region wird bekannt, viele Leute werden hier bei uns Urlaub machen wollen.

Contra Tourismus ✂

Die Grasnarbe wird durch das Skifahren zerstört.	Die Lawinengefahr steigt.	Tiere werden in ihrem Lebensraum gestört.	Wanderer und Skifahrer zerstören die noch intakte Flora und Fauna.
Erosionsgefahr	Die Weiden werden zerstört.	Wir machen uns vom Tourismus abhängig.	Lärmbelästigung
Das höhere Verkehrsaufkommen verursacht einen hohen CO_2-Ausstoß.	Schneekanonen verursachen hohe Kosten.	Schneekanonen verursachen einen hohen CO_2-Ausstoß.	Uns steht eine Vermüllung der Berge bevor.

© Verlag an der Ruhr | Autorin: Katrin Minner | ISBN 978-3-8346-2281-5 | www.verlagruhr.de

Mensch, du hast Rechte

Rollenspiele

Thema:	Leben in der einen Welt, Menschenrechte	**Klasse:**	10–13
Ziel:	▶ verschiedene Positionen einnehmen	**Dauer:**	ca. 45 Minuten
	▶ Meinungen vertreten		
	▶ Kommunikationsfähigkeit trainieren	**Teilnehmer:**	ganze Klasse, in Kleingruppen
	▶ Selbstreflexion – was ist für mich am wichtigsten?	**Material:**	kleine Zettel und Stifte

Beschreibung

Vorbereitung: Der Lehrer teilt die Klasse in Gruppen mit jeweils vier bis sechs Schülern ein. Jeder Schüler schreibt zunächst für sich allein zehn Menschenrechte auf (eins pro Zettel; z.B. Recht auf Freiheit, auf Ausübung einer Religion, auf Sicherheit, auf Kleidung und Nahrung, auf Bildung, auf Meinungsfreiheit ...). Innerhalb der Gruppen werden die Zettel jedes Spielers gesammelt, und doppelte Nennungen werden aussortiert. Dann nummerieren die Schüler die Zettel durch und breiten sie auf dem Tisch aus.

Durchführung: Der Lehrer gibt den Schülern die Ausgangssituation für das Spiel bekannt: „Stellt euch vor, ihr sitzt alleine in einem Fesselballon. Mit euch an Bord habt ihr eine Kiste, in der sich alle Menschenrechte befinden. Jedes dieser Rechte ist zwei Kilo schwer. Plötzlich verliert der Ballon an Höhe. Damit er nicht weiter sinkt, muss ein Recht über Bord geworfen werden. Der Ballon steigt wieder, aber nur für kurze Zeit – dann sinkt er erneut ab. Damit er wieder leichter wird, muss ein weiteres Recht aufgegeben bzw. aus dem Ballon befördert werden. So geht es weiter, bis nur noch ein Recht übrig ist."

Die Schüler haben nun die Aufgabe, ein persönliches Ranking zu erstellen – auf welches der ausliegenden Rechte könnten sie zuerst verzichten, auf welches zuletzt? Jeder schreibt dies zunächst für sich auf. Anschließend vergleichen die Schüler innerhalb ihrer Gruppe ihre Ergebnisse und versuchen, sich auf ein Gruppenranking zu einigen. Dabei geht es also ums Argumentieren, Beurteilen und Kompromisse-Finden.

Zum Schluss präsentiert jede Gruppe im Plenum ihre Liste, und es wird noch einmal gemeinsam diskutiert.

Reflexion

Diskutieren Sie im Anschluss an das Spiel mit Ihrer Klasse folgende Fragen:

- ▶ Fiel es euch schwer, ein Ranking zu erstellen?
- ▶ Konntet ihr eure Argumente in der Gruppendiskussion gut einbringen?
- ▶ War es schwer, sich in der Gruppe auf eine gemeinsame Liste zu einigen?
- ▶ Was nehmt ihr von diesem Spiel mit?

Wunschland

Ratespiele, Rätsel und Co.

Thema: Länderkunde allgemein	**Klasse:** 5–10
Ziel: ▶ durch geschicktes Fragen Länder erraten ▶ topografisches und länderkundliches Wissen festigen	**Dauer:** ca. 20 Minuten **Teilnehmer:** ganze Klasse, in Paaren **Material:** ---

Beschreibung

Vorbereitung: Jeder Schüler überlegt sich ein beliebiges Land, in dem er leben möchte. Eventuell macht er sich dazu ein paar Notizen.

Durchführung: Nun bilden die Schüler Paare. Der Jüngere beginnt. Er stellt seinem Gegenüber Ja/Nein-Fragen und versucht so herauszufinden, welches Land sich sein Mitschüler ausgesucht hat.
BEISPIEL: Schüler B hat sich Kenia ausgesucht.

A: Ist das Land, in dem du lebst, ein Nach-
    barland von Deutschland?
B: Nein.
A: Ist es ein europäisches Land?
B: Nein.
A: Liegt dein Land südlich von
    Deutschland?
B: Ja.
A: Liegt es in Afrika?

B: Ja.
A: Liegt es am Atlantik?
B: Nein.
A: Liegt es am Indischen Ozean?
B: Ja.
A: Liegt es am Äquator?
B: Ja.
A: Ist es Kenia?
B: Ja.

Danach fragt Schüler B Schüler A aus. Wer weniger Fragen gebraucht hat, um das richtige Land zu erraten, ist Sieger.

Variante

Differenzierungsmöglichkeiten: Das Spiel wird einfacher, wenn die Schüler (vor allem zum Fragen) einen Atlas zu Hilfe nehmen dürfen. Grundsätzlich ist es auch leichter, wenn die auswählbaren Länder zuvor eingegrenzt werden (es dürfen z.B. nur europäische Staaten gewählt werden); eine Festlegung auf bspw. Afrika oder US-amerikanische Staaten kann es den Schülern aber auch schwerer machen.

Reflexion

Diskutieren Sie am Ende des Spiels mit Ihrer Klasse folgende Fragen:
- ▶ War es schwer, die Fragen gezielt zu formulieren?
- ▶ Konntet ihr auf euer Vorwissen zurückgreifen?
- ▶ Was habt ihr in diesem Spiel gelernt?

Die Künstler vom Montmartre

Ratespiele, Rätsel und Co.

Thema: geografische Begriffe allgemein oder zu jedem beliebigen Thema	**Klasse:** 5–10
Ziel: ▶ geografische Begriffe erraten ▶ unter Zeitdruck Begriffe zeichnerisch darstellen	**Dauer:** ca. 45 Minuten
	Teilnehmer: ganze Klasse, in zwei Gruppen
	Material: Karteikarten

Beschreibung

Vorbereitung: Zunächst teilt der Lehrer leere Karteikarten aus (mindestens drei pro Schüler). Er fordert die Schüler auf, auf jede Karte einen beliebigen (oder zu einem bestimmten Thema gehörenden) geografischen Begriff zu schreiben, der sich allerdings gut zeichnerisch darstellen lassen muss (z.B. Tal, Berg, Tsunami, Eiffelturm, Fluss, Stadt, Zugspitze, Gipfelkreuz, Wasserfall …). Anschließend sammelt er die Karten wieder ein und mischt sie gut durch. Die Klasse teilt sich nun in zwei Gruppen A und B auf. Jede Gruppe bestimmt einen Schiedsrichter und einen Zeitnehmer.

Durchführung: Der Lehrer teilt die Karten gleichmäßig zwischen den beiden Schiedsrichtern auf, die sie als verdeckten Stapel in der Hand halten. Gruppe A schickt nun einen Zeichner an die Tafel. Der Zeitnehmer von B gibt das Startsignal und stoppt zwei Minuten. Der Schiedsrichter von B hält dem Zeichner die erste Begriffskarte vor. Er muss den Begriff an der Tafel zeichnerisch so darstellen, dass seine Gruppe ihn möglichst schnell errät. Sobald seine Mitschüler den richtigen Begriff genannt haben, bekommt er vom Schiedsrichter die nächste Karte gezeigt. Sollte ein Begriff zu schwer sein, kann der Zeichner auch „Weiter!" sagen (für diese Karte gibt es dann natürlich keinen Punkt). Nach Ablauf der Zeit werden die richtig erratenen Karten gezählt und die Punkte (einen pro Begriff) für die Gruppe A notiert. Anschließend schickt B einen Zeichner nach vorn, und der Zeitnehmer und Schiedsrichter von A übernehmen die Kontrolle.

So geht es mehrere Runden weiter, bis jeder Schüler einmal der Zeichner war. Die Gruppe, die am Ende die meisten Punkte „erzeichnet" hat, hat gewonnen.

Variante

Zusammengesetzte Begriffe, wie z.B. Polarnacht, Nordsee, Schildvulkan oder Treibhauseffekt, können auch gut von Zeichner-Teams dargestellt werden.

Reflexion

Diskutieren Sie im Anschluss an das Spiel mit Ihrer Klasse folgende Fragen.
- ▶ Wie hat euch das Spiel gefallen? Warum?
- ▶ Ist es euch leichtgefallen, die Begriffe zeichnerisch darzustellen?
- ▶ Worin bestanden die Schwierigkeiten?

Um die Ecke gedacht

Ratespiele, Rätsel und Co.

Thema:	für jedes beliebige Sachthema einsetzbar	**Klasse:**	5–10
Ziel:	▶ Vorwissen am Anfang einer Unterrichtsreihe aktivieren oder am Ende wiederholen	**Dauer:**	ca. 10 Minuten
		Teilnehmer:	ganze Klasse bzw. vier Einzelschüler
	▶ mit Zeitdruck umgehen	**Material:**	---

Beschreibung

Vorbereitung: Der Lehrer bestimmt per Zufallsprinzip vier Schüler, die sich in die vier Ecken des Klassenraumes stellen. Die anderen Schüler überlegen sich mögliche Fragen zum aktuellen Unterrichtsthema.

Durchführung: Der Lehrer bestimmt einen Schüler, der die erste Frage stellt. Alle vier „Eckenkandidaten" müssen nun so schnell wie möglich die richtige Antwort nennen. Wird die Frage von einem der vier Schüler richtig beantwortet, geht dieser im Uhrzeigersinn eine Ecke weiter. Hat er die Frage falsch beantwortet, muss er stehen bleiben, und die anderen drei Schüler haben jetzt die Möglichkeit, die Frage richtig zu beantworten. Wenn niemand die Frage richtig beantworten kann, müssen alle in ihren Ecken stehen bleiben. Dann wird die nächste Frage wird gestellt. Hierfür wählt der letzte Fragensteller den nächsten Schüler aus, der eine neue Frage formuliert.
Wer als Erstes seine Ausgangsecke wieder erreicht hat, ist Sieger.

Variante

Es kann auch in Teams „um die Ecke gedacht" werden. Dazu wird die Klasse in vier Gruppen geteilt. Jede bestimmt einen Eckenspieler, der sich in eine Ecke stellt. Der Rest der Gruppe setzt sich in der Mitte der Klasse zusammen und bildet die „Zentrale". Der Lehrer stellt nun die Fragen, die die Eckenspieler so schnell wie möglich beantworten müssen. Wenn sie selbst die Antwort nicht wissen oder unsicher sind, können sie sich in ihrer „Zentrale" Rat suchen. Hat ein Eckenspieler seine Ausgangsecke erreicht, bekommt sein Team einen Punkt, und vier neue Eckenspieler treten gegeneinander an. Die Gruppe, die am Ende (nach beliebiger Rundenzahl) die meisten Punkte erzielt hat, ist Sieger.

Reflexion

Diskutieren Sie im Anschluss an das Spiel mit der Klasse folgende Fragen:
- ▶ Was war die größte Schwierigkeit bei diesem Spiel?
- ▶ Was habt ihr gelernt?
- ▶ Wie seid ihr mit dem Zeitdruck zurechtgekommen?
- ▶ Welches Thema möchtet ihr noch einmal wiederholen/Über welches Thema möchtet ihr gerne mehr erfahren?

Gipfelstürmer

Ratespiele, Rätsel und Co.

Thema:	für jedes beliebige Sachthema einsetzbar	**Klasse:**	5–13
Ziel:	▶ geografisches Allgemeinwissen	**Dauer:**	mindestens 45 Minuten
	▶ Wissen abrufen, wiederholen und vertiefen	**Teilnehmer:**	ganze Klasse, in 4er-Gruppen
	▶ den eigenen Wissensstand überprüfen	**Material:**	Karteikarten, Lehrwerke, Atlanten, Ergebnisgrafik (KV)

Beschreibung

Vorbereitung: Jeder Schüler erhält mindestens fünf leere Karteikarten. Der Lehrer fordert sie auf, zu einem bestimmten Thema oder auch zur Geografie allgemein je eine Frage mit vier Antwort-Möglichkeiten auf die Karten zu schreiben. Die Schüler können das Lehrwerk oder auch einen Atlas zu Hilfe nehmen.

BEISPIEL:
Wie heißt der höchste Berg Deutschlands?
A: Wasserkuppe   B: Kahler Asten
C: Zugspitze   D: Brocken

Anschließend sammelt der Lehrer alle Karten ein und mischt diese gut durch. Danach wird die Klasse per Zufallsprinzip in 4er-Gruppen eingeteilt, und jede Gruppe erhält einen Satz Karten (verdeckt) sowie eine Spielvorlage (KV).

Durchführung: Jede Gruppe bestimmt einen Showmaster. Dieser hat die Aufgabe, den anderen Gruppenmitgliedern reihum die Fragen zu stellen. Beantwortet Kandidat 1 die Frage falsch, hat der nächste Schüler (Kandidat 2) die Möglichkeit, die Frage richtig zu beantworten. Für jede richtige Antwort gibt es 10 Punkte. Für jede richtige Antwort füllt der Showmaster in der Spielgrafik ein Feld aus. Egal wer die erste Frage beantwortet hat, stellt der Showmaster die nächste Frage an Kandidat 2, die dritte Frage an Kandidat 3, die vierte Frage wieder an Kandidat 1 usw.
Sieger ist derjenige, der am Ende des Spiels entweder auf dem Gipfel angekommen ist, oder der Kandidat, der – nachdem alle Karten verspielt worden sind – die meisten Punkte erspielt hat.

Reflexion

▶ Was habt ihr während des Spiels gelernt?
▶ Gab es Themen, die euch leichter fielen als andere? Warum?
▶ Gibt es Themen, die ihr gerne weiter vertiefen möchtet, weil sie euch neugierig gemacht haben, oder sie euch einfach mehr interessieren als andere?
▶ Wie seid ihr an die Beantwortung der Fragen herangegangen?

Gipfelstürmer

Kopiervorlage: Ergebnisgrafik

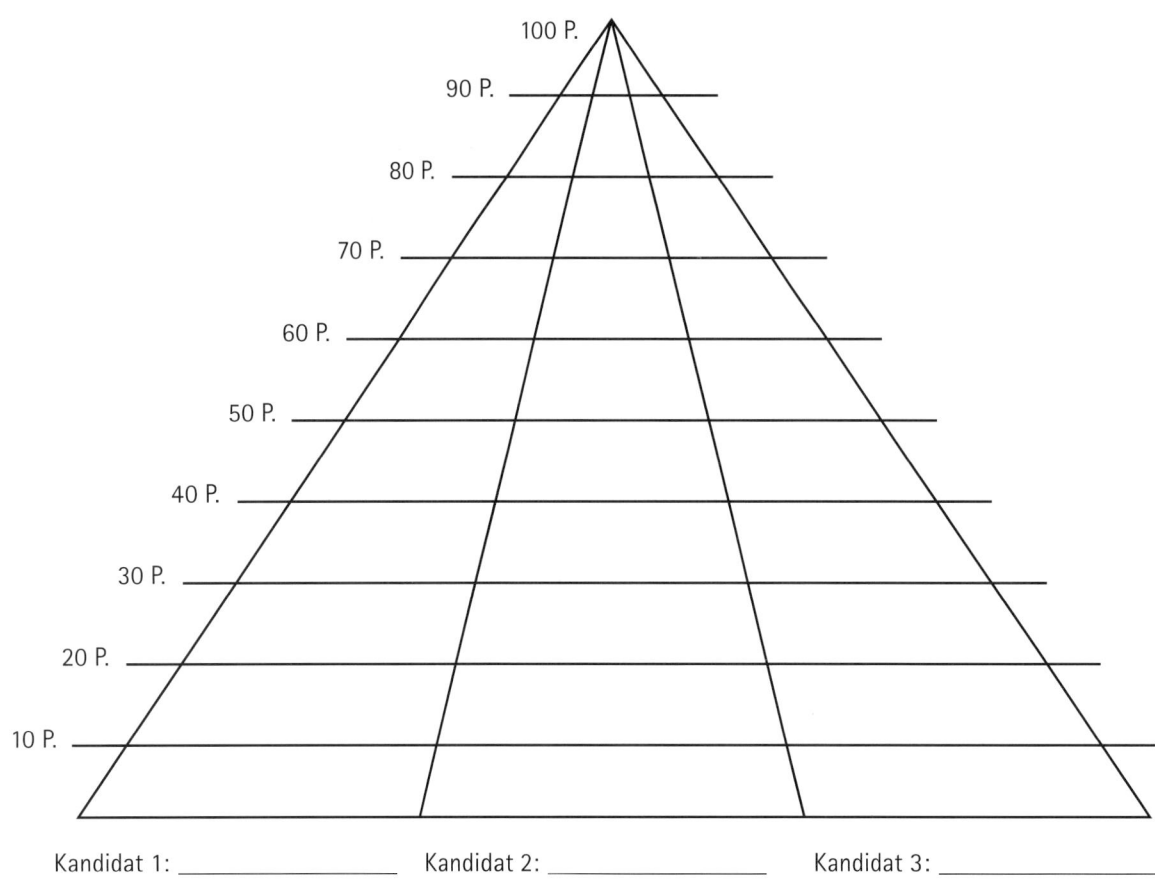

Kandidat 1: _____   Kandidat 2: _____   Kandidat 3: _____

- - - ✂ -

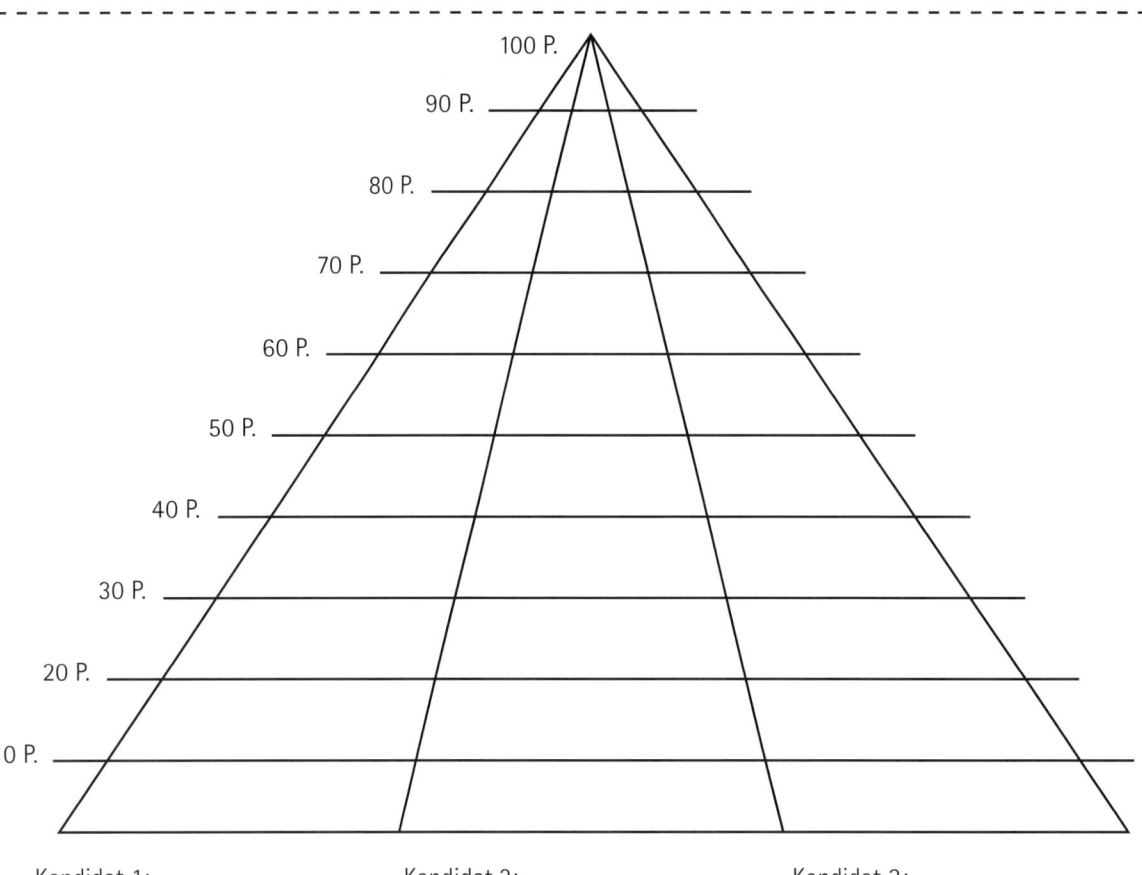

Kandidat 1: _____   Kandidat 2: _____   Kandidat 3: _____

© Verlag an der Ruhr | Autorin: Katrin Minner | ISBN 978-3-8346-2281-5 | www.verlagruhr.de

Die magische Wand

Ratespiele, Rätsel und Co.

Thema: für jedes beliebige Sachthema einsetzbar	**Dauer:** ca. 45–90 Minuten
Ziel: ▶ Wissen abrufen, wiederholen und vertiefen	**Teilnehmer:** ganze Klasse, in zwei Gruppen
Klasse: 7–13	**Material:** Frage-und-Antworten-Raster

Beschreibung

Vorbereitung: Der Lehrer überlegt sich im Vorfeld zu dem gewünschten Thema ein Raster mit 4 x 10 Fragen unterschiedlichen Schwierigkeitsgrads inklusive Antworten. Alternativ kann er auch einige Schüler bitten, Fragen und Antworten aufzuschreiben (dabei sollte kontrolliert werden, ob die Fragen präzise genug gestellt sind).

Der Lehrer zeichnet nun eine Tabelle – die „magische Wand" – mit vier Spalten und elf Zeilen an die Tafel. Die Überschriften der vier Spalten beziehen sich auf verschiedene Unterbereiche des Themas. Die anderen Zeilen werden von oben nach unten von 10–100 (also mit den zu gewinnenden Punkten) durchnummeriert.

Währenddessen teilt sich die Klasse in zwei Gruppen, in denen jeweils nach dem Zufallsprinzip der erste Kandidat bestimmt wird.

BEISPIEL: Oberthema „USA"

Klima	Vegetation	Menschen	Topografie
10	10	10	10
20	20	20	20
30	30	30	30
40	40	40	40
50	50	50	50
60	60	60	60
70	70	70	70
80	80	80	80
90	90	90	90
100	100	100	100

Die magische Wand

Ratespiele, Rätsel und Co.

Durchführung: Die ersten beiden Kandidaten treten gegeneinander an. Der erste Schüler wählt eine Frage, z.B. zum Thema Topografie für 30 Punkte (je höher die Punktzahl, desto schwieriger die Frage). Der Spielleiter stellt die Frage (z.B. „Nenne einen US-Bundesstaat mit W am Anfang."). Kann der Kandidat die Frage richtig beantworten („Wisconsin"), wird seinem Team die entsprechende Punktzahl gutgeschrieben. Kann er sie nicht beantworten, hat der Kandidat der anderen Mannschaft die Möglichkeit, mit der richtigen Antwort die Punkte zu ergattern.

Anschließend ist der zweite Kandidat regulär an der Reihe. Danach stellen beide Gruppen zwei neue Spieler usw.

Der Lehrer kann hinter den Fragen auch vier Joker und vier Risikokarten verstecken. Ein Joker bedeutet, dass man die Punkte gutgeschrieben bekommt, ohne dass die Frage beantwortet werden muss. Ein Risikofeld bedeutet, dass der Kandidat eine beliebige (durch zehn teilbare) Anzahl von Punkten seiner Gruppe einsetzen kann: Antwortet er richtig, wird die gesetzte Punktezahl verdoppelt. Antwortet er falsch, verliert die Mannschaft die gesetzten Punkte.

Sieger ist die Mannschaft, die am Ende (wenn die Wand „leer gespielt" ist) die meisten Punkte erspielt hat.

Variante

Differenzierungsmöglichkeit: Leichter wird es, wenn statt einzelner Kandidaten 2er-Teams gebildet werden, die sich beraten können, bevor sie die Lösung sagen. Ansonsten ergibt sich der Schwierigkeitsgrad natürlich aus der Art der Fragestellungen.

Reflexion

Diskutieren Sie im Anschluss an das Spiel mit Ihrer Klasse folgende Fragen:
- Wie hat euch das Spiel gefallen? Warum?
- Was habt ihr während des Spiels gelernt?
- Konntet ihr euer Wissen gut anwenden?

Europaexperte

Ratespiele, Rätsel und Co.

Thema:	Allgemeinwissen Europa	**Klasse:**	7–13
Ziel:	▸ Europa-Wissen abrufen und erweitern	**Dauer:**	ca. 45 Minuten
	▸ präzise Fragen formulieren	**Teilnehmer:**	ganze Klasse, in 4er-Gruppen
	▸ ein eigenes Spiel entwickeln	**Material:**	Placemats, Papier, Stifte, Atlanten

Beschreibung

Vorbereitung: Der Lehrer teilt die Klasse per Zufallsprinzip in 4er-Gruppen ein.
Jede Gruppe bekommt eine Placemat ausgeteilt. Mit diesen Vorlagen soll nun jede
Gruppe ein Spiel zum Thema „Europa" gestalten. Dazu schreiben die Schüler zunächst
in das Mittelfeld groß den Titel des Spiels: „Europaexperte". In die vier Außenfelder
schreiben sie die Themen, zu denen Fragen beantwortet werden müssen:
Essen und Trinken • Kultur und Feste • Insiderwissen • Topografie
Diese „Überschriften" müssen so in den Feldern platziert werden, dass noch genug
Platz bleibt, um Fragen zu den Bereichen zu ergänzen.
Jeder Schüler denkt sich nun zunächst für sich zu jedem der Bereiche zwei Fragen
(mit Lösung) aus. Diese schreibt er auf einen separaten Zettel (z.B. „Wie heißt ein
typisch französisches Gericht mit C?" → Crêpes). Die Schüler können sich auch Anregungen aus dem Atlas holen. Anschließend vergleichen die Gruppenmitglieder ihre
Fragen-Vorschläge und einigen sich pro Themenbereich auf drei Fragen, die sie dann
gut lesbar in das jeweilige Außenfeld schreiben. Die Lösungen für alle zwölf Fragen
notieren sie auf der Rückseite der Placemat.

Durchführung: Nun wird gespielt! Der Lehrer sammelt die vorbereiteten Spiele ein und
teilt sie durchmischt wieder an die Gruppen aus, sodass jede Gruppe einen neuen Spiel-
entwurf vorliegen hat. Nach einem Startsignal hat jede Gruppe Zeit, gemeinsam die zwölf
Fragen zu beantworten und sich die Antworten auf einem separaten Zettel zu notieren.
Nach 10 Minuten müssen alle Gruppen den Stift weglegen. Sie dürfen die Placemats jetzt
umdrehen und kontrollieren ihre Ergebnisse. Für jede richtig beantwortete Frage erhält die
Gruppe einen Punkt. Hat es eine Gruppe geschafft, zwölf Punkte zu erreichen?

Reflexion

Diskutieren Sie im Anschluss an das Spiel mit Ihrer Klasse folgende Fragen:
▸ Ist es euch leichtgefallen, Fragen zu den Themenbereichen zu formulieren?
▸ Wie habt ihr euch auf die zwölf Fragen geeinigt? Nach welchen Kriterien habt ihr die
Fragen ausgewählt?
▸ Fandet ihr das euch anschließend ausgeteilte Spiel eher leicht oder schwer? Warum?
▸ Gibt es Themen, die ihr gerne noch vertiefen möchtet?

Textdetektive

Ratespiele, Rätsel und Co.

Thema: für jedes beliebige Thema einsetzbar	**Dauer:** ca. 45 Minuten
Ziel: ▶ Textverständnis trainieren ▶ Fragen zu einem Text formulieren	**Teilnehmer:** ganze Klasse, in zwei Gruppen
	Material: Sachtext (z.B. aus dem Lehrwerk oder dem Internet), Zettel, Stifte
Klasse: 7–13	

Beschreibung

Vorbereitung: Zur Vorbereitung lesen die Schüler gemeinsam einen Text zum aktuellen Unterrichtsthema. Dieser kann z.B. aus dem Erdkundebuch stammen. Eventuelle Verständnisfragen werden geklärt.

Der Lehrer teilt die Klasse anschließend per Zufallsprinzip in zwei Gruppen ein. Jeder Schüler überlegt sich zunächst allein zwei bis drei Fragen, die mit Hilfe des Textes zu beantworten sind. Diese Fragen schreibt er auf einen kleinen Zettel. Auf der Rückseite notiert er die Antworten.

Durchführung: Per Zufallsprinzip wird entschieden, welche Gruppe mit den Fragen beginnt. Der jüngste Schüler der beginnenden Gruppe A sucht sich einen Schüler der anderen Gruppe B aus und stellt ihm eine seiner Fragen. Kann der Gegenspieler die Frage richtig beantworten, bekommt seine Mannschaft (B) einen Punkt, und der Schüler darf nun einem Schüler der Gruppe A eine Frage stellen. Kann er die Frage nicht beantworten, so erhält stattdessen die Gruppe A, aus der die Frage kam, einen Punkt. Trotzdem darf auch in diesem Fall der zuerst befragte Schüler der Gruppe B anschließend einem Schüler der Gruppe A eine Frage stellen.

Gespielt wird so lange, bis jeder Schüler mindestens einmal an der Reihe war. Gewonnen hat dann die Gruppe, die die meisten Punkte erspielt hat.

Variante

Die Schüler spielen das Spiel in vier Kleingruppen. Je zwei Gruppen spielen nach den oben beschriebenen Regeln gegeneinander, sodass die einzelnen Schüler aktiver eingebunden sind und kürzer warten müssen, bis sie an der Reihe sind. Bei dieser Variante ist es allerdings sinnvoll, für jede Gruppe einen Schiedsrichter zu benennen, der die Antworten kontrolliert und die Punkte vergibt.

Reflexion

Diskutieren Sie im Anschluss an das Spiel mit Ihren Schülern folgende Fragen:
- ▶ Wie seid ihr mit dem Text zurechtgekommen? Fandet ihr ihn leicht oder schwer? Warum?
- ▶ Fiel es euch leicht, Fragen zu formulieren?
- ▶ Worauf muss beim Formulieren der Fragen geachtet werden?

City Cinema

Ratespiele, Rätsel und Co.

Thema:	Städte und Metropolen der Welt, Städteentwicklung	**Klasse:**	5–13
Ziel:	▶ Bilder von Sehenswürdigkeiten und Städten betrachten, beschreiben und topografisch einordnen	**Dauer:**	ca. 25 Minuten, beliebig ausdehnbar
		Teilnehmer:	ganze Klasse, in zwei Gruppen
		Material:	verschiedene Fotos von Sehenswürdigkeiten und Städten, OHP oder Beamer

Beschreibung

Vorbereitung: Der Lehrer sucht im Vorfeld zehn oder mehr Abbildungen von Großstädten und Megacitys aus, die er mit Hilfe eines OPH oder Beamers an die Wand projizieren kann. Die Bilder sollten möglichst das Wahrzeichen der Stadt oder sonst irgendetwas Typisches zeigen (z.B. das Brandenburger Tor für Berlin, den Hamburger Hafen, die Bremer Stadtmusikanten, Kapstadt mit dem Tafelberg im Hintergrund ...).
Die Klasse wird in zwei große Gruppen geteilt.

Durchführung: Jede Gruppe bestimmt, welcher Schüler als Erstes ins Rennen geht. Das Los entscheidet dann, welche der beiden Gruppen A und welche B ist. Der Startschüler von Gruppe A darf beginnen. Der Lehrer zeigt das erste Foto. Startschüler A beschreibt das Bild und muss erraten, um welche Stadt es sich handeln könnte. Nennt er den richtigen Städtenamen, bekommt sein Team einen Punkt. Rät er falsch, bekommt sein Gegenspieler die Möglichkeit, den Punkt für die Gruppe B zu gewinnen. Das zweite Bild wird dem Startspieler B gezeigt. Das dritte Bild muss dann von einem neuen Schüler der Gruppe A erraten werden usw.
Gewonnen hat am Ende die Gruppe, die die meisten Punkte erzielt hat.

Variante

Um das Raten etwas einfacher zu machen, bekommt jede Gruppe drei Joker. Wenn ein Schüler nicht sicher ist, um welche Stadt es sich handelt, kann er einen der Joker ziehen und hat dann zwei Möglichkeiten: Entweder er wählt den „Telefonjoker" und darf sich mit einem beliebigen Mitspieler aus seinem Team beraten, oder er wählt den „Expertenjoker" und darf den Lehrer bitten, einen Tipp zu geben (der Lehrer sagt z.B.: „Diese Stadt liegt an der Ostküste Nordamerikas, und ihr Wahrzeichen ist die Freiheitsstatue.").

Reflexion

Diskutieren Sie am Ende des Spiels mit Ihrer Klasse folgende Fragen:

▶ Wie hat euch das Spiel gefallen? Warum?
▶ Welche Städte waren leichter zu erraten, welche schwerer? Woran hat das gelegen?
▶ Welche der Städte möchtet ihr gerne einmal besuchen? Warum?

Wo lebe ich?

Ratespiele, Rätsel und Co.

Thema: Städte und Länder der Welt, topografisches Allgemeinwissen	**Klasse:** 5–10
Ziel: ▶ topografisches Wissen abrufen und verknüpfen ▶ Allgemeinbildung verbessern ▶ geschickt kombinieren	**Dauer:** ca. 25 Minuten
	Teilnehmer: ganze Klasse, in Kleingruppen
	Material: kleine Klebezettel, ggf. Klebeband

Beschreibung

Bei diesem Spiel geht es darum, durch geschicktes Fragenstellen und Kombinieren herauszufinden, wo man lebt.

Vorbereitung: Die Klasse bildet kleine Gruppen mit jeweils vier bis fünf Schülern. Jeder Schüler bekommt einen leeren Klebezettel.

Durchführung: Nun schreibt jeder Schüler ein Land oder eine Stadt (oder ein Gebirge, einen Fluss, eine Region etc.) auf den Zettel und klebt ihn seinem linken Mitspieler an die Stirn, ohne dass dieser sieht, was auf dem Zettel steht. Das Los entscheidet, wer beginnt. Der Startspieler stellt nun die erste Ja/Nein-Frage, z.B. „Bin ich ein Land?" Die anderen Schüler der Gruppe müssen gemäß dem Zettel, den der Startspieler an der Stirn hat, antworten. Lautet die Antwort „Ja", darf der Spieler erneut eine Frage stellen (z.B. „Liege ich auf der Südhalbkugel?"). Sobald eine Frage mit „Nein" beantwortet wurde, ist der nächste Schüler im Uhrzeigersinn an der Reihe.
Sobald der erste Schüler richtig erraten hat, was auf seinem Zettel steht, hat er die Runde gewonnen. Die anderen spielen aber dennoch weiter, denn der Sieger kann weiter mit antworten. Es wird so lange gespielt, bis alle herausgefunden haben, wo sie leben.

Variante

Das Spiel wird leichter, wenn eingegrenzt wird, was auf dem Zettel stehen darf (z.B. nur Städte oder nur europäische Länder). Ebenfalls hilft es den Schülern, wenn sie einen Atlas benutzen dürfen.

Reflexion

Diskutieren Sie im Anschluss an das Spiel mit Ihrer Klasse folgende Fragen:
▶ Wie hat euch das Spiel gefallen? Warum?
▶ Ist es euch leichtgefallen, Fragen zu formulieren, die euch weitergebracht haben?
▶ Wo gab es besondere Schwierigkeiten?
▶ Gibt es Tipps, wie man schnell zur richtigen Lösung kommen kann?
▶ Was habt ihr bei diesem Spiel gelernt?

Geografisches Gehirnjogging

Ratespiele, Rätsel und Co.

Thema: Bildbeschreibung allgemein oder zu einem bestimmten Sachthema	**Dauer:** ca. 45 Minuten
Ziel: ▶ Bilder beschreiben, benennen und sich einprägen ▶ unter Zeitdruck arbeiten	**Teilnehmer:** ganze Klasse **Material:** zehn Fotos mit verschiedenen geografischen Inhalten, OHP oder Beamer, Papier und Stifte
Klasse: 5–13	

Beschreibung

Vorbereitung: Vorab sucht der Lehrer verschiedene Fotos von Landschaften, Städten oder sonstigen geografischen Besonderheiten. Diese sollen später per OHP oder Beamer an die Wand projiziert werden.

Durchführung: Der Lehrer zeigt den Schülern nacheinander zehn verschiedene Bilder. Die Schüler können jedes Bild ca. 15 Sekunden lang betrachten und müssen versuchen, den Inhalt zu erkennen (Was ist zu sehen?) und sich diesen einzuprägen. Dieser Durchlauf erfolgt 2-mal.

Danach haben die Schüler zwei Minuten Zeit, sich die zehn Bilder wieder ins Gedächtnis zu rufen und aufzuschreiben, was auf den Bildern dargestellt wurde.

Schließlich werden die Ergebnisse verglichen. Der Lehrer zeigt dazu die Bilder, und zu jedem wird gemeinsam besprochen, was darauf zu sehen ist. Wer sich ein Bild richtig gemerkt und richtig aufgeschrieben hat, was darauf zu sehen ist, bekommt einen Punkt. Wer die meisten Punkte sammeln konnte, hat gewonnen. Hat es jemand geschafft, alle zehn Bilder aus dem Gedächtnis richtig aufzuschreiben?

Variante

Alternativ kann das Spiel in 2er-Teams gespielt werden. Die Schüler betrachten die Bilder wie oben beschrieben zunächst alleine, dürfen sich anschließend aber darüber beraten, was sie gesehen haben und woran sie sich erinnern können. Das Team mit den meisten richtigen Bildnennungen gewinnt.

Reflexion

Diskutieren Sie am Ende des Spiels mit Ihrer Klasse folgende Fragen:
- ▶ Was habt ihr während des Spiels gelernt?
- ▶ Konntet ihr euch gut konzentrieren?
- ▶ Was war schwieriger: zu erkennen, was die Bilder gezeigt haben, oder sie sich zu merken?
- ▶ Gibt es Tipps, wie man sich die Bilder gut merken kann?

Kannst du mitreden?

Ratespiele, Rätsel und Co.

Thema:	Regionen Deutschlands und ihre sprachlichen Unterschiede	**Klasse:**	5–10
		Dauer:	ca. 25 Minuten
Ziel:	▶ Deutschlands Sprachlandschaft und regionale Ausdrücke kennenlernen	**Teilnehmer:**	ganze Klasse, in Kleingruppen
	▶ topografische Orientierung in Deutschland	**Material:**	KV und Atlanten

Beschreibung

In den verschiedenen Regionen Deutschlands werden unterschiedliche Wörter oder Ausdrucksweisen verwendet. In diesem Spiel geht es darum, die verschiedenen Ausdrücke ihrer richtigen Bedeutung zuzuordnen.

Vorbereitung: Der Lehrer teilt die Klasse in Kleingruppen mit jeweils drei bis vier Schülern ein. Jede Gruppe nimmt sich einen Atlas und bestimmt einen Spielleiter. Dieser bekommt die Tabelle mit regionalen Wörtern (KV). Links stehen die besonderen Wörter aus den verschiedenen Regionen Deutschlands und rechts die hochdeutsche Entsprechung.

Durchführung: Der Spielleiter liest nun einen regionalen Ausdruck vor und fragt einen der Mitspieler, welche Bedeutung der genannte Begriff haben könnte. Gibt der gefragte Spieler die richtige Antwort, bekommt er einen Punkt. Er kann auch einen Zusatzpunkt sammeln, wenn er ihn topografisch richtig einordnet. Dafür muss er allerdings nicht nur die Region nennen, sondern diese dem Spielleiter auch noch im Atlas zeigen können.
Kann der Befragte das Wort nicht zuordnen, bekommt sein Nachbar die Möglichkeit, die richtige Bedeutung (und die richtige Region) zu nennen. Ist seine Antwort richtig, so bekommt er den Punkt (bzw. die beiden Punkte) und darf außerdem auch die nächste Frage beantworten. Das Spiel ist zu Ende, wenn der Spielleiter alle Begriffe vorgelesen hat. Wer bis dahin die meisten Punkte gesammelt hat, hat gewonnen.

Variante

Die Schüler können die Liste beliebig erweitern mit Begriffen, die sie von ihrer Familie, ihren Großeltern oder von Urlaubsreisen kennen. (Weitere Anregungen bieten außerdem folgende Seiten: www.spreetaufe.de/berlinerisch-berliner-jargon/, www.bayrisches-woerterbuch.de/a.html.)

Reflexion

Diskutieren Sie im Anschluss an das Spiel mit Ihrer Klasse folgende Fragen:
- ▶ Was habt ihr während des Spiels gelernt?
- ▶ Konntet ihr eure bisherigen Erfahrungen einbringen?
- ▶ Kennt ihr noch weitere regionale Ausdrücke?

Kannst du mitreden?

Kopiervorlage: Sprachliche Besonderheiten

Regionaler Ausdruck	Hochdeutsche Entsprechung
Schrippe (Berlin)	Brötchen
Bangbüx (Norddeutschland)	Angsthase
abseilen (Ruhrgebiet)	abhauen
abhackeln (Berlin)	sich streiten
klönen (Norddeutschland)	reden
sich beömmeln (Sauerland)	sich kaputt lachen
klamüsern (Ruhrgebiet)	basteln
Schietwetter (Norddeutschland)	Mistwetter
Bömmsken (Sauerland)	Bonbon
lütt (Norddeutschland)	klein
Bommel haben (Ruhrgebiet)	Angst haben
dat is ja knorke (Berlin)	das ist ja toll
Kabäusken (Sauerland)	Abstellraum
abdackeln (Ruhrgebiet)	weggehen
Drönbüdel (Norddeutschland)	Langweiler
kodderig (Sauerland)	schlecht, übel
schnacken (Norddeutschland)	reden

© Verlag an der Ruhr | Autorin: Katrin Minner | ISBN 978-3-8346-2281-5 | www.verlagr.ihr.de

Klar definiert

Schreibspiele

Thema: Geografie allgemein	**Dauer:** ca. 30 Minuten
Ziel: ▶ Ausbau eines Begriffsnetzes an Fachvokabular ▶ Definitionen formulieren	**Teilnehmer:** ganze Klasse, in Kleingruppen
	Material: Lehrwerk oder Geografie-Lexikon, Papier und Stifte
Klasse: 5–13	

Beschreibung

In diesem Spiel übernimmt pro Gruppe ein Schüler die Expertenrolle. Er sucht Begriffe aus dem Erdkundebuch oder einem Geografie-Lexikon und fordert seine Mitspieler auf, die Begriffe schriftlich zu erklären.

Vorbereitung: Der Lehrer teilt die Klasse in Gruppen mit je vier bis fünf Schülern ein. Per Los wird bestimmt, wer die Rolle des „Experten" übernimmt. Dieser Schüler erhält ein Geografie-Lexikon oder nimmt sich das Erdkundebuch. Alle anderen legen Zettel und Stift bereit.

Durchführung: Der „Experte" sucht sich einen Begriff aus dem Erdkundebuch (zu bereits besprochenen Themen) oder dem Lexikon heraus. Die anderen Gruppenmitglieder schreiben den Begriff auf ihren Zettel und formulieren (zunächst jeder für sich) eine Definition.

BEISPIEL: Wetter → Wetter ist der spürbare, kurzfristige Zustand der Atmosphäre an einem bestimmten Ort auf der Erdoberfläche zu einem bestimmten Zeitpunkt.

Anschließend sammelt der Experte die Ergebnisse ein, und liest die Definitionen vor. Die Schüler vergleichen ihre Definitionsvorschläge – waren sich alle einig? Der Experte kontrolliert die Ergebnisse und korrigiert sie gegebenenfalls.
Nach zwei Runden wechselt die Expertenrolle zu einem anderen Schüler. Es wird so lange gespielt, bis jeder Schüler als Experte zwei Begriffe vorgegeben hat.

Reflexion

Diskutieren Sie im Anschluss an das Spiel mit ihren Schülern folgende Fragen:
- Was habt ihr während des Spiels gelernt?
- Konntet ihr euer Wissen einbringen?
- War es leicht, präzise Definitionen zu formulieren?
- Gab es Begriffe oder Themen, die euch besonders schwer gefallen sind?

Haiku

Thema: für jedes beliebige Sachthema einsetzbar	**Klasse:** 5–8
Ziel: ▶ fantasievolle Auseinandersetzung mit dem Unterrichtsstoff ▶ Förderung der Kreativität ▶ Festigung von Fachbegriffen	**Dauer:** ca. 25 Minuten **Teilnehmer:** ganze Klasse **Material:** Papier und Stifte

Beschreibung

Ein Haiku ist eine alte japanische Gedichtform, bei der die 1. Zeile aus fünf Silben, die 2. Zeile aus sieben Silben und die 3. Zeile wieder aus fünf Silben besteht.

Vorbereitung: Der Lehrer gibt der Klasse drei geografische Begriffe vor, die aus dem aktuellen Unterrichtsgeschehen stammen.

Durchführung: Jeder Schüler versucht jetzt diese drei Begriffe in ein Haiku einzubauen. Der Kreativität und Fantasie sind hier keine Grenzen gesetzt.

BEISPIEL:

Vorgegebene Begriffe:	Haiku:
Wüste, Fata Morgana, Kamel	*Das Kamel wandert durch die sehr heiße Wüste Fata Morgana*

Am Ende werden die Gedichte vorgelesen. Es kann auch abgestimmt werden, wer das gelungenste Haiku geschrieben hat.

Variante

Das Spiel funktioniert auch in 3er-Gruppen: Jeder der Schüler bestimmt einen der drei Begriffe zu dem vorgegebenen Thema. Anschließend schreiben alle ein Haiku.

Reflexion

Diskutieren Sie im Anschluss an dieses Spiel mit Ihrer Klasse folgende Fragen:
- ▶ Wie hat euch das Spiel gefallen? Warum?
- ▶ Wie seid ihr an die Aufgabe herangegangen?
- ▶ Worin lag die größte Schwierigkeit?
- ▶ Fiel es euch leicht, die Begriffe sinnvoll zu verknüpfen?
- ▶ Welche Gedanken sind euch beim Schreiben durch den Kopf gegangen?

Planquadrat

Schreibspiele

Thema: für jedes beliebige Sachthema einsetzbar – Beispiel hier: Leben in Trockenräumen	**Klasse:** 6–10	
	Dauer: ca. 25 Minuten	
Ziel: ▶ Begriffe zu einem Thema finden ▶ geschickt kombinieren	**Teilnehmer:** ganze Klasse, in Paaren	
	Material: Planquadrat-Vorlage (KV)	

Beschreibung

Dieses Spiel funktioniert ganz ähnlich wie das bekannte „Schiffe-Versenken". Allerdings werden hier statt Schiffen geografische Begriffe in einem Planquadrat platziert.

Vorbereitung: Der Lehrer kopiert für jeden Schüler die Vorlage (KV). In das linke Planquadrat trägt jeder Schüler – mit einem Buchstaben pro Feld – sieben Begriffe zum aktuellen Unterrichtsthema mit maximal zwölf Buchstaben ein (bei „Leben in Trockenräumen" könnten sie z.B. Nordafrika, Tuareg, Sahara, Atlas, Kamel, Düne und Oase lauten). Dabei gelten ein paar Regeln: Die Begriffe dürfen nur horizontal und vertikal, nicht aber diagonal, eingetragen werden. Außerdem dürfen sie sich nicht direkt berühren. Umlaute werden aufgelöst (Ä = A E).
Anschließend finden sich die Schüler in Paaren zusammen.

Durchführung: Die Schüler befragen sich nun gegenseitig nach der Lage der Begriffe im Planquadrat.
Spieler A tippt bspw. auf C2. Ist das ein Treffer, nennt der Mitspieler B den entdeckten Buchstaben und Spieler A darf noch einmal raten. Ist der Tipp kein Treffer, ist Spieler B an der Reihe. der andere Spieler an der Reihe. Dabei dient das rechte Planquadrat auf der Kopiervorlage dazu, die Treffer einzutragen, die man erzielt hat, um so den Überblick zu behalten. Wurden alle einzelnen Buchstaben eines Begriffs getroffen, ist dieser „versenkt".
Das Spiel dauert so lange, bis ein Schüler alle Begriffe „versenkt" und entsprechend benannt hat.

Reflexion

Diskutieren Sie im Anschluss an dieses Spiel mit Ihrer Klasse folgende Fragen:
- ▶ Was habt ihr während des Spiels gelernt?
- ▶ Ist es euch leichtgefallen, sieben Begriffe zum aktuellen Thema zu finden?
- ▶ Gibt es einen Tipp, wie man die Begriffe des Gegners besonders schnell herausfinden kann?

Kopiervorlage: Begriffe versenken

© Verlag an der Ruhr | Autorin: Katrin Minner | ISBN 978-3-8346-2281-5 | www.verlagruhr.de

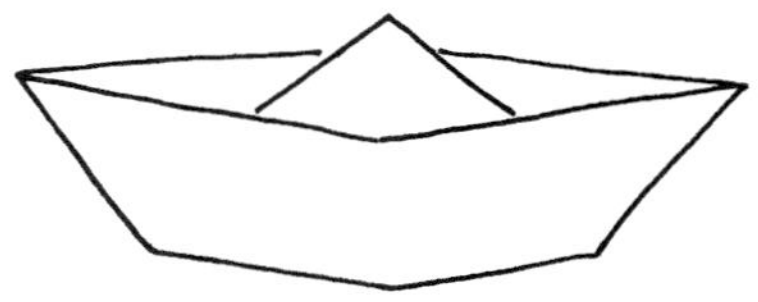

Oberthema: _____

Spieler A: _____

Spieler B: _____

	A	B	C	D	E	F	G	H	I	J	K	L
1												
2												
3												
4												
5												
6												
7												
8												
9												
10												

	A	B	C	D	E	F	G	H	I	J	K	L
1												
2												
3												
4												
5												
6												
7												
8												
9												
10												

Tornado!

Schreibspiele

Thema: für jedes beliebige Sachthema einsetzbar	**Klasse:** 5–8
Ziel: ▶ Förderung des kreativen Denkens und der Konzentration ▶ geografische Begriffe erkennen	**Dauer:** ca. 20 Minuten
	Teilnehmer: ganze Klasse
	Material: Papier und Stifte

Beschreibung

Vorbereitung: Der Lehrer schreibt ca. 25 verschiedene Begriffe/Orte verdeckt an die Tafel (oder per OHP/Beamer an die Wand), verfremdet sie aber dabei: Einige Wörter sind spiegelverkehrt, bei anderen fehlen die Vokale und manchmal herrscht schlicht Buchstabensalat.

BEISPIEL: SELEGNA SOL → Los Angeles,   DSRTFKTN → Desertifikation

ETIMGERITBELG → Mittelgebirge

Durchführung: Der Lehrer erklärt die Ausgangssituation: „Ein Tornado hat gewütet und die Wörter im Erdkundebuch ordentlich durcheinandergewirbelt. Eure Mission ist es, innerhalb von 5 Minuten so viele Begriffe wie möglich zu entziffern und richtig aufzuschreiben. So könnt ihr sie vor dem nächsten Tornado retten, der am Horizont schon zu sehen ist und auf euch zurast." Jeder Schüler legt Zettel und Stift bereit, und los geht's: Der Lehrer deckt die Begriffe auf und stoppt die Zeit. Sobald die 5 Minuten abgelaufen sind, legen alle den Stift weg, und vergleichen die Ergebnisse. Wer die meisten Begriffe „gerettet" hat, ist Sieger.

Varianten

▶ Differenzierungsmöglichkeit: Das Spiel wird leichter, wenn die Begriffe auf ein bestimmtes Thema (z.B. die gerade abgeschlossene Unterrichtsreihe) eingegrenzt sind oder wenn alle Begriffe nur auf eine Art (z.B. immer rückwärts) verschlüsselt an der Tafel stehen. Grundsätzlich sind auch topografische Begriffe, wie Länder- oder Städtenamen, i.d.R. einfacher zu entschlüsseln als geografische Fachbegriffe.

▶ Das Spiel kann gut in Kleingruppen gegeneinander gespielt werden: Jede Gruppe denkt sich selbst Begriffe aus und schreibt diese verschlüsselt auf. Diese Wörterlisten werden dann zwischen den Gruppen getauscht und müssen so schnell wie möglich entschlüsselt werden. Die schnellste Gruppe gewinnt.

Reflexion

Diskutieren Sie im Anschluss an das Spiel mit Ihrer Klasse folgende Fragen:

▶ Welche Begriffe waren besonders schwer zu entschlüsseln? Warum?

▶ Gibt es einen Trick, wie man schnell an die Lösungen kommt?

Quelle: Meersmann, Willy (Hrsg.): Die Fundgrube für den Erdkunde-Unterricht, Cornelsen Scriptor, 1998, S. 80

Fachbegriffsgenerator

Schreibspiele

Thema:	für jedes beliebige Sachthema einsetzbar – Beispiel hier: Tropischer Regenwald	Klasse:	5–10

Thema: für jedes beliebige Sachthema einsetzbar – Beispiel hier: Tropischer Regenwald

Ziel:
- Wiederholung zum Abschluss einer Unterrichtsreihe
- Wissen abrufen und verknüpfen
- Begriffe erklären
- Zusammenhänge darstellen

Klasse: 5–10

Dauer: ca. 15–20 Minuten

Teilnehmer: ganze Klasse, in Kleingruppen

Material: Papier und Stifte

Beschreibung

Vorbereitung: Der Lehrer teilt die Klasse in Gruppen zu je vier bis sechs Schülern. Jeder Schüler erhält einen Bogen Papier.

Durchführung: Der Lehrer nennt nacheinander drei Oberbegriffe, die zu dem Themenfeld „Tropischer Regenwald" gehören; z.B. „Stockwerkbau", „Tageszeitenklima" und „Zerstörung". Die Schüler bekommen pro Oberbegriff zwei Minuten Zeit, um dazu so viele geografische Begriffe zu notieren, wie möglich.

BEISPIEL:

Stockwerkbau → Würgepflanzen, Lianen, Aufsitzerpflanzen, Symbiose, Gräser, Büsche, Mammutbäume, Strauchschicht, Krautschicht, Blätterdach, Artenvielfalt ...

Tageszeitenklima → Verdunstung, Hitze, Schwüle, Wolken, Regen gegen Mittag, Gewitter, keine Jahreszeiten ...

Zerstörung → großflächige Brandrodung, Holzfäller, Raubbau, Tropenholz, Plantagen, Weideflächen, Geld ...

Nach Ablauf der Zeit tragen die Gruppen ihre Begriffe zusammen. Anschließend wird im Plenum verglichen. Dazu bestimmt das Los die erste Gruppe, die eines ihrer Wörter nennt und erklärt. Ist der Begriff richtig, bekommt die Gruppe einen Punkt. Dieser Begriff darf von den anderen Gruppen nicht mehr genannt werden. Nur, wenn er falsch erklärt wird (oder dem falschen Oberthema zugeordnet wurde), kann eine andere Gruppe ihn erneut einbringen. Der Lehrer übernimmt hier die Funktion des Schiedsrichters und entscheidet, ob ein Punkt vergeben wird oder nicht.

Nach dem ersten Begriff ist die nächste Gruppe an der Reihe, usw. Wenn keine Gruppe mehr einen neuen Begriff einbringen kann, werden die Punkte gezählt und so die Siegergruppe bestimmt.

Fachbegriffsgenerator

Schreibspiele

Variante

Zur Hilfestellung und Motivation kann zusätzlich zu dem Themenfeld oder auch zu den drei Oberbegriffen eine Abbildung gezeigt werden. Dieser visuelle Impuls erleichtert den Schülern den Zugang und verstärkt das vernetzende Denken.

Reflexion

Diskutieren Sie im Anschluss mit der Klasse folgende Fragestellungen:

 ‣ Ist es euch leichtgefallen, Begriffe zu finden?
 ‣ Wo lagen die Schwierigkeiten beim Erklären und beim Herstellen eines Zusammenhangs zum Oberbegriff?
 ‣ Gab es Themen, die ihr noch einmal wiederholen möchtet?

Quelle: vgl. Boonstra, Robert: Energizer im Geografieunterricht, in: Praxis Geographie: Spielend lernen – Neue Spiele für den Geographieunterricht, Westermann, Ausgabe Juli/August 2010, S. 27–29

Länderkette

Thema: Topografie/Länderkunde	**Klasse:** 5–10
Ziel: ▶ topografisches Wissen abrufen und festigen	**Dauer:** ca. 15 Minuten
▶ unter Zeitdruck arbeiten	**Teilnehmer:** ganze Klasse, in Kleingruppen
	Material: Papier und Stifte

Beschreibung

Bei diesem Spiel geht es darum, innerhalb von zehn Minuten so viele Länder der Erde wie möglich aneinanderzureihen. Dabei muss der Anfangsbuchstabe dem letzten Buchstaben des vorigen Landes entsprechen.
BEISPIEL: Spanien, Niederlande, England, Deutschland ...
Außerdem darf kein Land doppelt genannt werden, es wird also zunehmend schwieriger.

Vorbereitung: Der Lehrer teilt die Klasse in Gruppen mit je drei bis vier Schülern ein. Jede Gruppe bekommt ein Blatt Papier und einen Stift.

Durchführung: Nach dem Startsignal schreibt der erste Schüler ein beliebiges Land links oben auf den Zettel. Dann reicht er Papier und Stift weiter an seinen linken Nachbarn, der nun so schnell wie möglich das nächste Land mit dem passenden Anfangsbuchstaben danebenschreibt, bevor er Zettel und Stift an den dritten Schüler weiterreicht usw.
Nach Ablauf der Zeit legen alle Gruppen den Stift aus der Hand, und die Länderketten werden vorgelesen und kontrolliert. Gewonnen hat die Gruppe, die die meisten Länder aufgeschrieben hat.

Varianten

▶ Differenzierungsmöglichkeiten: Das Spiel kann erschwert werden, wenn bspw. nur Flüsse der Erde aufgeschrieben werden dürfen. Hingegen wird es leichter, wenn die Schüler einen Atlas zu Hilfe nehmen dürfen.

▶ Wer die Länderkette nicht als Schreibspiel spielen möchte, lässt die Schüler sich im Kreis aufstellen und gibt ihnen einen weichen Ball. Der erste Schüler nennt ein Land und wirft den Ball einem beliebigen Mitschüler zu, der nun das passende Anschluss-Land sagen muss usw.

Reflexion

Diskutieren Sie am Ende des Spiels mit Ihrer Klasse folgende Fragen:

▶ Wie hat euch das Spiel gefallen? Warum?
▶ Was habt ihr dabei gelernt?
▶ Welche Buchstaben waren besonders schwierig?
▶ Wie würdet ihr euch das nächste Mal auf dieses Spiel vorbereiten?

Geografenkästchen

Schreibspiele

Thema: geografische Begriffe allgemein oder zu jedem beliebigen Thema	**Klasse:** 5–8
Ziel: ◗ Wissen abrufen und festigen ◗ Fachbegriffe trainieren ◗ mit Zeitdruck umgehen	**Dauer:** ca. 15 Minuten **Teilnehmer:** ganze Klasse, in Kleingruppen **Material:** kariertes Papier, verschieden farbige Stifte

Beschreibung

Bei diesem Spiel geht es darum, unter Zeitdruck auf einer begrenzten Fläche so viele geografische Begriffe wie möglich unterzubringen (siehe Beispiel).

Vorbereitung: Der Lehrer teilt die Klasse in Gruppen mit je drei bis vier Schülern ein. Die Schüler bekommen alle ein kariertes Blatt, auf dem eine beliebige „Käsekästchenfläche" umrandet ist – da die Gruppen gegeneinander spielen, müssen alle mit der gleichen Vorlage spielen. Außerdem bekommt jeder Schüler einen Stift, wobei innerhalb einer Gruppe keine Farbe doppelt vorkommen sollte (so bleibt es später übersichtlicher).

Durchführung: Der Lehrer nennt das Oberthema und gibt das Startsignal.
Die Schüler haben jetzt fünf Minuten Zeit, so viele zum Thema passende geografische Begriffe wie möglich in dem Feld unterzubringen. Reihum schreiben sie nacheinander immer ein Wort hinein – pro Feld wird ein Buchstabe geschrieben, und die Wörter können horizontal, vertikal oder auch diagonal eingetragen werden. Umlaute werden aufgelöst (Ü = U E). Dabei müssen die Schüler sich beeilen und gleichzeitig die Wörter geschickt verteilen und den Platz gut ausnutzen, sodass möglichst wenige Felder leer bleiben.
Nach Ablauf der Zeit liest jede Gruppe ihre Wörter vor, und die anderen Gruppen zählen mit. Die Gruppe, die die meisten geografischen Begriffe unterbringen konnte, gewinnt.

							S	C	H	L	O	T
S	C	H	I	C	H	T	V	U	L	K	A	N
E	K	R	A	T	E	R		M	V	E	S	U	V
R				L	A		A	K	S			
	U			A	S		G	R	T			
		P		V	C		M	A	R			
			T	A	H		A	K	O			
				I	E		K	A	M	M		
				O		A	T	B	E			
			N	M	A	O	R					
				M	U	L	A					
				E		I	P					
				R		I						

Geografenkästchen

Varianten

- Alternativ kann auch die Regel gelten, dass die Begriffe sich – ähnlich wie beim Scrabble®-Spielen – überschneiden dürfen.
- Das Spiel kann auch zu zweit gespielt werden: Die Schüler malen das Spielfeld selbst auf und spielen (wieder mit unterschiedlichen Stiftfarben) gegeneinander. Abwechselnd schreibt jeder einen Begriff in das Feld. Wer als Erstes keinen Platz mehr findet, um einen Begriff unterzubringen, hat verloren – es sei denn, er hat insgesamt mindestens zwei Begriffe mehr eingetragen als sein Gegner (das lässt sich durch die unterschiedlichen Farben gut nachzählen).
- Differenzierungsmöglichkeiten: Je enger das Oberthema gefasst ist, desto schwieriger wird das Spiel i.d.R. (bspw. wenn nur Städtenamen aufgeschrieben werden dürfen). Für schwächere Schüler wird es leichter, wenn sie das Erdkundebuch oder den Atlas benutzen dürfen.

Reflexion

Diskutieren Sie im Anschluss an das Spiel mit Ihrer Klasse folgende Fragen:
- Wie hat die Gruppenarbeit funktioniert?
- Wie seid ihr auf die Begriffe gekommen?
- Worin lagen besondere Schwierigkeiten?

Akrostichon

Schreibspiele

Thema:	für jedes beliebige Sachthema einsetzbar	Klasse:	5–8
Ziel:	▶ passende Begriffe zu einem Oberthema suchen	Dauer:	ca. 20 Minuten
	▶ kreative Auseinandersetzung mit dem Lernstoff	Teilnehmer:	ganze Klasse
	▶ mit Zeitdruck umgehen	Material:	Papier und Stifte

Beschreibung

Vorbereitung: Der Lehrer schreibt einen Oberbegriff an die Tafel. Die Schüler schreiben diesen auf ein hochkantliegendes Blatt Papier ab, wobei die Buchstaben untereinanderstehen müssen.

Durchführung: Auf ein Startsignal hin fangen die Schüler an, wie im Beispiel aus jedem der Buchstaben ein neues Wort zu bilden, das zu dem Oberthema passt.
Wer als Erstes zu jedem Buchstaben einen inhaltlich passenden Begriff gefunden hat, ruft „Stopp!".
Er liest seine Wörter vor und erklärt immer auch den Zusammenhang zum Oberbegriff. Stimmen alle Wörter und Erklärungen, hat er gewonnen.

BEISPIEL:

K limaskeptiker
L andschaften
I PCC
M enschgemacht
A nstieg des Meeresspiegels
W asser
A rktis
N aturkatastrophen
D ürreperioden
E ingriff
L andunter auf den Malediven

Varianten

▶ Differenzierungsmöglichkeiten: Das Spiel wird leichter, wenn die Unterbegriffe nicht den passenden Anfangsbuchstaben haben müssen, sondern – wie beim Scrabble® – der Buchstabe an beliebiger Stelle in dem neuen Wort auftauchen kann. Außerdem wird es leichter, wenn die Schüler im Team das Akrostichon bilden dürfen.

▶ Das Spiel kann auch so abgewandelt werden, dass die Schüler anhand des Alphabets passende Begriffe zu einem Oberthema suchen müssen (z.B. „Tropischer Regenwald" → Aufsitzerpflanze, Blätterdach, Chlorophyll, Dattelpalme, Epiphyten ...).

Reflexion

Diskutieren Sie im Anschluss an das Spiel mit Ihrer Klasse folgende Fragen:
▶ Gab es Buchstaben, bei denen es leichter war, Begriffe zu bilden, als bei anderen?
▶ Konntet ihr auf euer Wissen zurückgreifen?

Weltausstellung

Thema:	geografisches Allgemeinwissen, Länderkunde	**Dauer:**	ca. 25–45 Minuten
Ziel:	▶ Gegenstände beschreiben und sich eine Geschichte dazu ausdenken ▶ Förderung der Kreativität	**Teilnehmer:**	ganze Klasse
		Material:	Gegenstände und Souvenirs aus aller Welt (oder Abbildungen davon)
Klasse:	5–8		

Beschreibung

In diesem Spiel geht es darum, verschiedene Gegenstände aus aller Welt zu beschreiben und sich dazu interessante Geschichten einfallen zu lassen. Hier wird Wissen mit Kreativität verknüpft.

Vorbereitung: Der Lehrer fordert die Schüler vorab auf, ein Urlaubssouvenir oder einen sonstigen typischen Gegenstand aus einem anderen Land (bei ausländischen Mitschülern aus ihrer Heimat) mitzubringen.
Am Tag der Weltausstellung wird ein Sitzkreis gebildet, und alle Schüler legen ihre Gegenstände in die Mitte. Der Lehrer kann natürlich auch etwas mitbringen (er sorgt für die etwas exotischeren Gegenstände, z.B. Kakaobohnen aus Mexiko, ein Foto von der Chinesischen Mauer, Gewürze aus Indien, ein Stück Lava ...).

Durchführung: Die Schüler bekommen zunächst etwas Zeit, sich die Gegenstände genau anzusehen und zu überlegen, woher sie stammen könnten. Eventuell gibt der Lehrer weitere Hinweise zu den einzelnen Gegenständen (zu Kakaobohnen aus Mexiko könnte er bspw. sagen: „Man kann ein leckeres Getränk daraus machen"). Per Zufallsprinzip wird ein Schüler bestimmt. Dieser wählt einen beliebigen Gegenstand aus (nur nicht seinen eigenen) und äußert seine Vermutung, worum es sich handeln könnte und woher der Gegenstand stammen könnte. Anschließend fragt er, wer ihn mitgebracht hat. Der entsprechende Schüler antwortet und löst auf, was es ist. Er kann berichten, wie er zu dem Gegenstand gekommen ist, oder auch eine kleine Fantasiegeschichte dazu erzählen. Der Kreativität sind hier keine Grenzen gesetzt. Anschließend wählt dieser Schüler einen neuen Gegenstand aus und äußert seine Vermutung, worum es sich handelt usw. So wird der Reihe nach jeder Gegenstand besprochen.

Reflexion

Diskutieren Sie am Ende des Spiels mit Ihrer Klasse folgende Fragen:
- Ist es euch leichtgefallen, bei jedem Gegenstand zu vermuten, was es ist und woher er stammt?
- In welches der Länder, aus denen Souvenirs mitgebracht wurden, würdet ihr am liebsten einmal reisen? Warum?

Als Reporter auf Katastrophenjagd

Kreativspiele

Thema:	aktuelle Nachrichten von Naturkatastrophen	**Klasse:**	10–13
		Dauer:	ca. 45 Minuten
Ziel:	▶ über ein aktuelles geografisches Thema reden	**Teilnehmer:**	ganze Klasse
	▶ Informationen recherchieren	**Material:**	aktuelle Tageszeitungen, Internetzugang, Papier und Stifte

Beschreibung

Vorbereitung: Der Lehrer wählt ein aktuelles Thema (z.B. Tornado in den USA, Überschwemmungen in Pakistan, Hitzewelle am Mittelmeer, Reaktorkatastrophe in Japan, Vulkanausbruch in Indonesien ...) und schreibt es an die Tafel. Außerdem legt er aktuelle Tageszeitungen, in denen über das Thema berichtet wird, aus.

Per Zufallsprinzip werden anschließend vier Schüler ausgewählt, die in die Rolle von Reportern schlüpfen. Die übrigen Schüler sind Augenzeugen oder Betroffene der Katastrophe. Sie bekommen nun 15 Minuten Zeit, um sich mit dem Thema vertraut zu machen. Sie können in den Zeitungen lesen und auch im Internet recherchieren. Währenddessen schreibt jeder der vier Reporter folgende Fragen auf einen Zettel:

Art der Katastrophe:	Um welche Katastrophe handelt es sich?
Ort:	Wo ereignete sich die Katastrophe?
Zeitraum:	Wann ereignete sich die Katastrophe?
Auswirkungen:	Welche Schäden sind zu beklagen, und welche Auswirkungen hat die Katastrophe auf das Leben der Menschen dort?
Rettungsaktionen:	Sind Rettungsaktionen angelaufen? Welche? Was wird benötigt?

Durchführung: Nach Ablauf der Recherchezeit machen sich die vier Reporter auf den Weg durch die Klasse und befragen die Passanten und Betroffenen. Sie haben 10 bis 15 Minuten Zeit, um auf alle oben genannten Fragen eine Antwort zu erhalten. Dabei machen sie sich auf ihrem Zettel Stichpunkte darüber, was die befragten Mitschüler berichten. Der Kreativität sind keine Grenzen gesetzt. Natürlich dürfen die Passanten Dinge hinzuerfinden, allerdings sollte es nicht lächerlich wirken. Nach Ablauf der Zeit setzen sich wieder alle auf ihren Platz. Die vier Reporter berichten, was ihre Befragungen ergeben haben. Konnten sie alle Fragen klären? Sind alle vier zu den gleichen Ergebnissen gekommen?

Reflexion

Diskutieren Sie im Anschluss an das Spiel mit Ihrer Klasse folgende Fragen:

- ▶ Was habt ihr während des Spiels gelernt?
- ▶ Wie schwer war es, in eure Rolle zu schlüpfen?
- ▶ Wie würdet ihr die Atmosphäre während des Spieles beschreiben?
- ▶ Gibt es Themen oder Bereiche, die ihr gerne noch vertiefen möchtet?

Werbeagentur

Thema: Tourismus, Länderkunde	**Dauer:** ca. 45 Minuten
Ziel: ▶ ein Werbeplakat für ein beliebiges Reiseziel erstellen	**Teilnehmer:** ganze Klasse, in Kleingruppen
▶ Ergebnisse präsentieren	**Material:** Reiseprospekte und Reiseführer, große Papierbögen, dicke Filzstifte, Scheren, Kleber
Klasse: 7–13	

 ## Beschreibung

Bei diesem Spiel geht es darum, die Werbetrommel für ein beliebiges Land oder auch eine Stadt zu rühren.

Vorbereitung: Der Lehrer legt einige Reiseprospekte und Reiseführer zu verschiedenen Ländern und Städten aus. Er erklärt der Klasse die Ausgangssituation:
„In den letzten Jahren ist in der Tourismus-Branche die Konkurrenz zwischen den verschiedenen Ländern und Städten immer größer geworden. Umso mehr muss jede Region für sich werben, um Touristen anzulocken. Die Tourismusmanager bitten euch dabei um eure Mithilfe."
Die Klasse bildet Gruppen aus je drei bis vier Schülern. Jede Gruppe darf sich kurz das Material ansehen und sich ein Land oder eine Stadt aussuchen, für das/die sie Werbung machen will.

Durchführung: Die Schüler überlegen sich innerhalb der Gruppen gemeinsam, wie sie ein Werbeplakat gestalten können, das den Tourismus in ihrem gewählten Land/in ihrer gewählten Stadt ankurbeln könnte. Dazu recherchieren Sie ausführlicher in den Materialien und überlegen, welche Texte und Bilder auf das Plakat sollen. Sie können aus den Prospekten Bilder ausschneiden und auf das Plakat kleben oder auch etwas malen.
Am Ende stellen die Gruppen sich gegenseitig ihre Ergebnisse vor. Die ganze Klasse überlegt dann, welche Gruppe die Aufgabe besonders gut gelöst hat. Bei der Bewertung können folgende Kriterien hilfreich sein: Werbeslogan, Information, Kreativität und Gestaltung, Sauberkeit. Die Schüler können abschließend auch abstimmen: Wer würde nun am liebsten welches Land/welche Stadt besuchen?

 ## Reflexion

Diskutieren Sie im Anschluss an das Spiel mit Ihrer Klasse folgende Fragen:
- ▶ Wie hat die Teamarbeit funktioniert?
- ▶ Konnte sich jeder einbringen?
- ▶ Was habt ihr während des Spiels gelernt?
- ▶ Worin bestand die größte Schwierigkeit?
- ▶ Konntet ihr auf euer Vorwissen zurückgreifen?

Wettlauf zum Pol

Würfelspiele

Thema:	polare Zone, Entdeckungsfahrten	**Dauer:**	ca. 20 Minuten
Ziel:	▶ sich in die Situation der Entdecker hineinversetzen	**Teilnehmer:**	ganze Klasse, in Paaren
Klasse:	5–8	**Material:**	pro Paar 1 Würfel, 2 Spielfiguren, Spielfeld und Ereigniskarten (KV), Scheren

Beschreibung

Im Oktober 1911 begann der Wettlauf zwischen Amundsen und Scott zum Südpol. Scott war mit seinem Team, Ponys und Motorschlitten unterwegs. Amundsen und sein Team bewegten sich auf Skiern und benutzten für den Transport Hundeschlitten.
In diesem Würfelspiel kämpfen zwei Polarforscher um den Südpol. Wer zuerst das Ziel erreicht, hat gewonnen.

Vorbereitung: Immer zwei Schüler spielen gegeneinander. Jedes Paar bekommt einen Würfel und zwei Spielfiguren. Außerdem erhalten die Spieler die Ereigniskarten und das Spielfeld (KV), das bei großen Spielfiguren zuvor auf DIN-A3-Format kopiert werden sollte. Die Schüler können die Karten nun ausschneiden und sortieren sie in einen verdeckten Amundsen- und einen verdeckten Scott-Stapel.

Durchführung: Jeder Schüler schlüpft nun in die Rolle eines der beiden Polarforscher. Der jüngere Spieler beginnt. Er würfelt und setzt seine Figur auf dem Spielfeld entsprechend der Augenzahl vor. Kommt er auf ein Ereignisfeld, nimmt er von seinem Stapel eine Karte und befolgt die Anweisung. Dann ist der andere Spieler an der Reihe. Sollte ein Stapel einmal leer sein, wird er gemischt, und es kann neu gezogen werden. Sieger ist derjenige, der zuerst den Südpol erreicht hat.

Variante

Die Schüler können – nachdem die Geschichte des Wettlaufs zum Südpol im Unterricht besprochen wurde – auch selbst Ereigniskarten formulieren und basteln.

Reflexion

Diskutieren Sie im Anschluss an dieses Spiel mit Ihrer Klasse folgende Fragen:
- ▶ Wie hat euch das Spiel gefallen? Warum?
- ▶ Was habt ihr während des Spiels gelernt?
- ▶ Könnt ihr euch vorstellen, selbst einmal in die Antarktis oder Arktis zu reisen?

Wettlauf zum Pol

Kopiervorlage: Ereigniskarten

© Verlag an der Ruhr | Autorin: Katrin Minner | ISBN 978-3-8346-2281-5 | www.verlagruhr.de

Scott

Deine Ponys brauchen eine Pause – einmal aussetzen.

Scott

Dein Motorschlitten hat eine Panne – einmal aussetzen.

Amundsen

Deine Hunde brauchen eine Pause – einmal aussetzen.

Amundsen

Dein Team ist entkräftet – einmal aussetzen

Scott

Deine Ponys sind gut ausgeruht – zwei Felder vor.

Scott

Der Mechaniker konnte die Schlitten etwas schneller machen – ein Feld vor.

Amundsen

Deine Hunde sind gut ausgeruht – zwei Felder vor.

Amundsen

Dein Team hat eine Extraportion Fleisch bekommen – ein Feld vor.

Scott

Die Lebensmittel sind eingefroren, und du musst sie auftauen – einmal aussetzen.

Scott

Deine Ponys sind müde – einmal aussetzen.

Amundsen

Die Lebensmittel sind eingefroren, und du musst sie auftauen – einmal aussetzen.

Amundsen

Deine Hunde sind müde – einmal aussetzen.

Scott

Das Wetter ist optimal, und du kommst gut voran – zwei Felder vor.

Scott

Im Schneesturm kommst du nur langsam vorwärts – einmal aussetzen.

Amundsen

Das Wetter ist optimal, und du kommst gut voran – zwei Felder vor.

Amundsen

Im Schneesturm kommst du nur langsam vorwärts – einmal aussetzen.

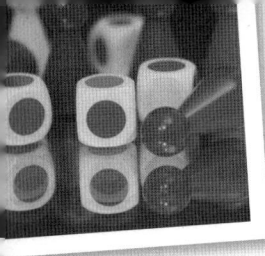

Wettlauf zum Pol

Kopiervorlage: Spielfeld

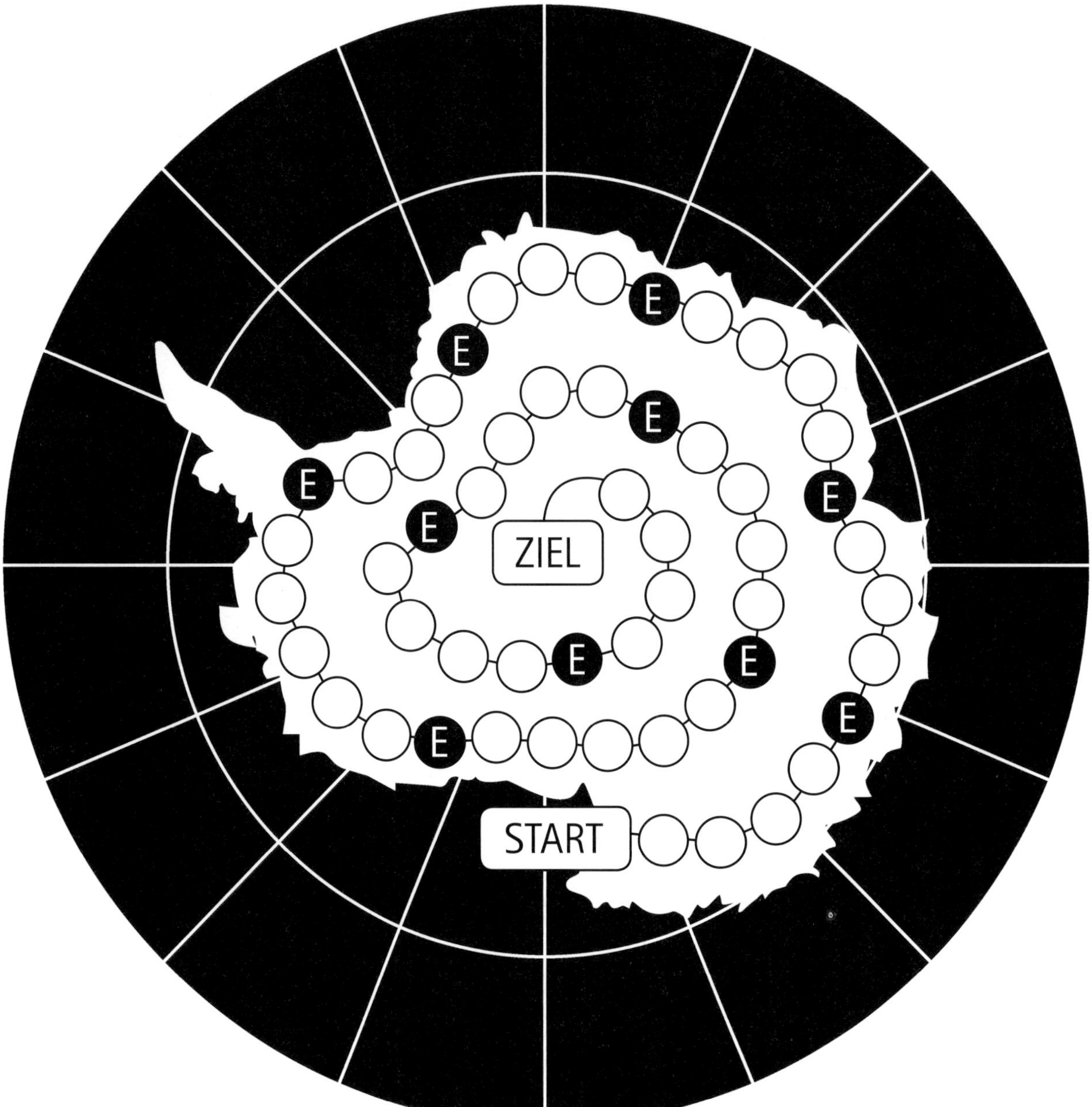

© Verlag an der Ruhr | Autorin: Katrin Minner | ISBN 978-3-8346-2281-5 | www.verlagruhr.de

Mit der Karawane unterwegs

Thema:	Leben in Trockenräumen, Handelswege durch die Sahara	Klasse:	5–8

Thema: Leben in Trockenräumen, Handelswege durch die Sahara

Ziel:
- ▶ topografische Orientierung in Afrika
- ▶ sich in die Situation eines Karawanen-führers hineinversetzen
- ▶ Umgang mit dem Atlas trainieren

Klasse: 5–8

Dauer: ca. 20 Minuten

Teilnehmer: ganze Klasse, in Kleingruppen

Material: Spielfiguren, Würfel, Atlanten, Spielplan (KV)

Beschreibung

Die Schüler schlüpfen bei diesem Spiel in die Rolle von Karawanenführern. Ihr Ziel ist es, von Algier aus Handelswaren durch die Sahara bis zur Elfenbeinküste nach Abidjan zu bringen. Dafür müssen Sie sich aber zunächst im Atlas orientieren.

Vorbereitung: Der Lehrer teilt die Klasse in Gruppen mit drei bis vier Spielern ein. Jeder Schüler bekommt eine Spielfigur. Außerdem erhält jede Gruppe einen Würfel und den Spielplan (KV), der bei großen Spielfiguren zunächst auf DIN-A3-Format kopiert werden sollte. Bevor das Spiel starten kann, suchen die Spieler zunächst innerhalb der Gruppen gemeinsam die Stationen der Karawane im Atlas und rekonstruieren so die Route.

Durchführung: Alle Spieler setzen ihre Spielfigur auf ein Karawanen-Startfeld in Algier. Der jüngste Teilnehmer je Gruppe beginnt. Er würfelt und setzt seine Figur entsprechend den Anweisungen auf der Vorlage. Dann ist der nächste Spieler an der Reihe. Wer zuerst mit seiner Karawane (also mit seiner Spielfigur) den Ort Abidjan erreicht, ist Sieger.

Varianten

- ▶ Als Zusatzaufgabe können die Schüler vor oder nach dem Spiel anhand der verschiede-nen Atlaskarten recherchieren, welche verschiedenen Klima- und Vegetationszonen sie im Laufe der Reise passieren, um diese Informationen mit auf den Spielplan zu schreiben.
- ▶ Die Schüler können sich auch eigene Route für ihre Karawane überlegen und selbst Würfel-Ereignisse formulieren.

Reflexion

Diskutieren Sie im Anschluss an das Spiel mit Ihrer Klasse folgende Fragen:
- ▶ Was habt ihr bei diesem Spiel gelernt?
- ▶ Konntet ihr die Route gut im Atlas finden?
- ▶ Wobei gab es Schwierigkeiten?
- ▶ Würdet ihr selbst einmal gerne mit einer Karawane durch die Wüste reisen? Warum?

Mit der Karawane unterwegs

Kopiervorlage: Spielplan und Anleitung

Du folgst mit deiner Karawane der Handelsroute Trans-Sahara. Sie führt dich von Algier (A) über Djelfa im Atlasgebirge (B) nach Laghouat (C), von dort nach Ghardaia (D), weiter nach El-Golea (E), und zur Oase Ain Salah (F). Von dort geht es dann über das Ahaggar-Gebirge (G) in Richtung Tamanrasset (H) und weiter nach

Agadez (I) in Niger. Von dort musst du nach Tahoua (J) und weiter bis Niamey (K). Anschließend geht es nach Ouagadougou (L) in Burkina Faso und weiter bis Bobo Dioulasso (M). Schließlich ist Yamoussoukro (N) deine vorletzte Station an der Elfenbeinküste. Von dort ist es nicht mehr weit zu deinem Ziel Abidjan (O).

START

Karawane 1 Karawane 2 Karawane 3 Karawane 4

A	Algier
B	Djelfa im Atlasgebirge
C	Laghouat
D	Ghardaia
E	El-Golea
F	Oase Ain Salah
G	Ahaggar-Gebirge
H	Tamanrasset
I	Agadez
J	Tahoua
K	Niamey
L	Ouagadougou
M	Bobo Dioulasso
N	Yamoussoukro
O	Abidjan

ZIEL

© Verlag an der Ruhr | Autorin: Katrin Minner | ISBN 978-3-8346-2281-5 | www.verlagruhr.de

Würfel-Regeln:

1 = Du hast kein Wasser mehr. Suche mit Hilfe der Legende der Afrika-Karte im Atlas den Namen einer Oase heraus, und schreibe ihn auf. Dann kannst du eine Station weiterziehen!

2 = Ein Händler bietet dir zu einem günstigen Preis Salz an, das du in Abidjan Gewinn bringend verkaufen können wirst. Rücke einen Ort vor!

3 = Ein Sandsturm kommt vom Horizont auf dich zu! Suche einen sicheren Ort als Unterschlupf (z.B. eine Stadt, eine Oase oder einen Berg in der

Nähe der Route), und schreibe ihn auf. Du musst den Sandsturm abwarten und kannst diese Runde leider nicht weiterziehen.

4 = Die Piste ist gut, und du kommst schnell voran – gehe einen Ort vor!

5 = In der Oase ist Wochenmarkt, und du kaufst viele Lebensmittel und Waren ein. Das dauert einige Zeit – einmal aussetzen.

6 = Räuber sind hinter deiner Karawane her, und du musst sie abhängen – zwei Orte vor!

Zufallsgenerator

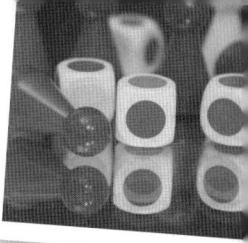

Würfelspiele

Thema: für jedes beliebige Sachthema einsetzbar	**Klasse:** 5–8
Ziel: ▶ über visuelle Impulse ins Gespräch kommen ▶ sein Wissen einbringen und kreativ verknüpfen	**Dauer:** ca. 25 Minuten **Teilnehmer:** ganze Klasse, in Kleingruppen **Material:** Würfel-Bastelvorlage (KV), Begriffe und Bilder/Symbole mit geografischem Inhalt, Scheren, Kleber, Stifte

 ## Beschreibung

Dieses Spiel ist den Story Cubes® nachempfunden. Story Cubes® sind Würfel, auf deren Seiten sich statt Zahlen Symbole, Bilder oder Figuren befinden – in diesem Fall aus dem Bereich der Geografie.

Vorbereitung: Zunächst muss die Bastelvorlage für die Würfel (KV) auf Tonpapier kopiert werden. Der Lehrer teilt die Klasse per Zufallsprinzip in Kleingruppen mit drei bis vier Schülern. Jede Gruppe erhält eine Bastelvorlage. Passend zum aktuellen Unterrichtsthema bekommen sie außerdem kleine Bilder oder Begriffe ausgeteilt bzw. genannt, die sie (vor dem Zusammenbasteln) auf die Würfelseiten kleben bzw. schreiben. Wichtig ist, dass die Bilder bzw. Begriffe in Beziehung zueinander stehen. Jede Gruppe sollte mindestens drei verschiedene Würfel basteln – je mehr Würfel, desto spannender das Gespräch!

Durchführung: Der jüngste Schüler je Gruppe beginnt und würfelt mit einem der selbstgebastelten Würfel. Zu der Abbildung, die oben liegt, formuliert er einen Satz. Wenn bspw. ein Kamel gewürfelt wurde, kann der Schüler sagen: „Ich reite gerade auf meinem Kamel durch die Sahara, wo es unglaublich heiß ist." Danach würfelt der nächste Mitspieler mit einem der Würfel. Er stellt einen Zusammenhang zwischen dem ersten Satz und der nun gewürfelten Abbildung her und erzählt die Geschichte dadurch weiter. Liegt jetzt z.B. der Sandsturm oben, könnte er sagen: „Plötzlich zieht ein Sandsturm auf, und ich überlege verzweifelt, wo ich mich und mein Kamel in Sicherheit bringen könnte." So entsteht nach und nach eine kleine Fantasiegeschichte, bei der die Schüler ihr vorher zu dem Thema erworbenes Wissen kreativ einbringen können.

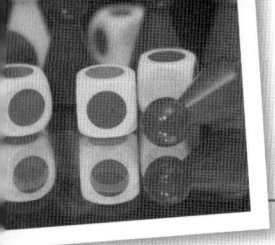

Zufallsgenerator

Variante

Wenn die Abbildungen und Begriffe auf den Würfeln nicht alle zu einem Oberthema gehören, sondern etwas bunter zusammengemischt sind, können die Geschichten noch etwas witziger und turbulenter werden, weil es noch mehr Kreativität braucht, um Zusammenhänge zwischen den Würfelergebnissen herzustellen.

Reflexion

Diskutieren Sie im Anschluss an das Spiel mit Ihrer Klasse folgende Fragen:

- Wie hat euch das Spiel gefallen? Warum?
- Ist es euch leicht gefallen, Zusammenhänge zwischen der Geschichte und dem nächsten Begriff bzw. Bild herzustellen?
- Gab es Begriffe oder Bilder, auf die ihr nicht reagieren konntet?

Kopiervorlage: Blanko-Würfel

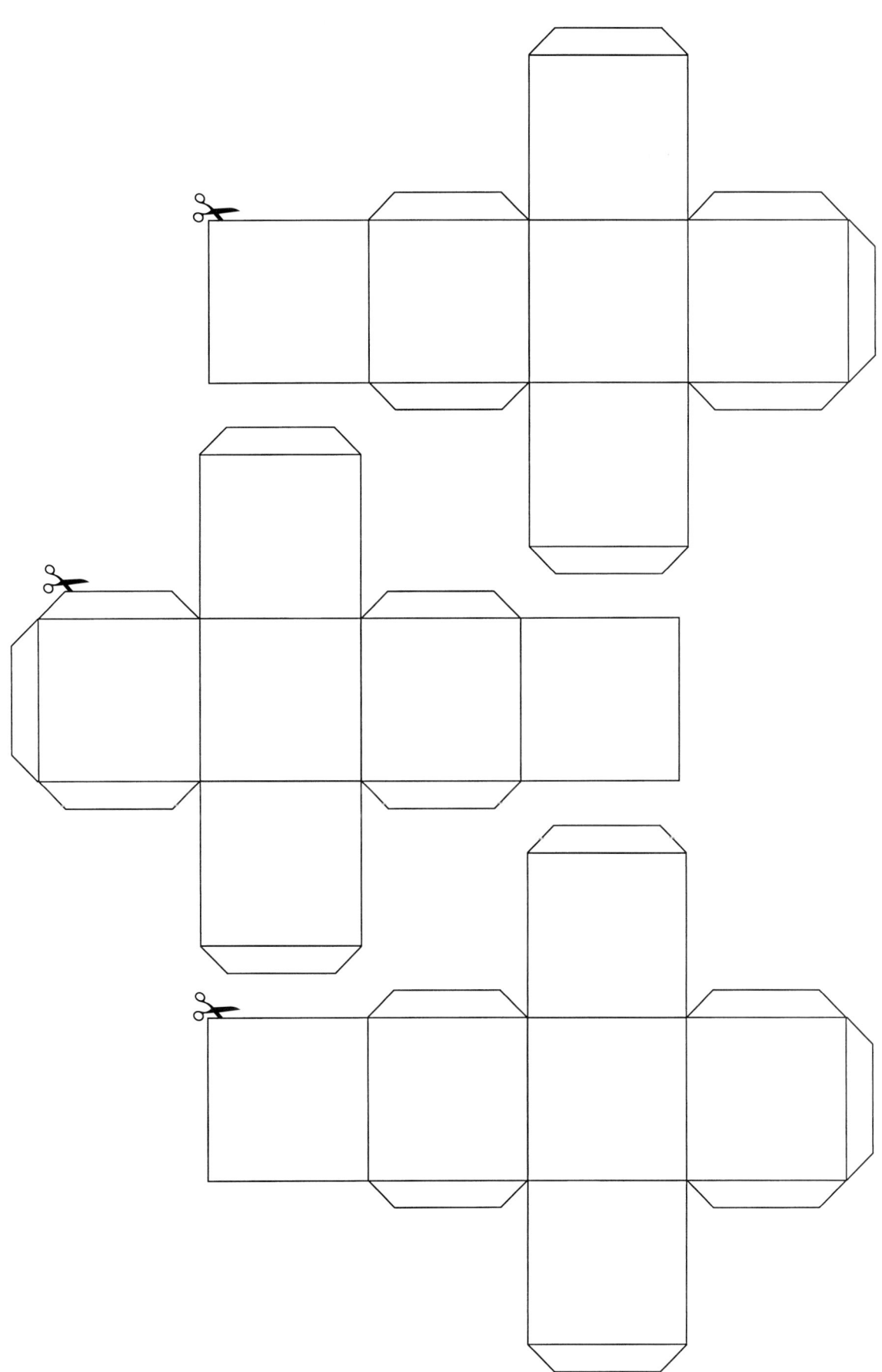

© Verlag an der Ruhr | Autorin: Katrin Minner | ISBN 978-3-8346-2281-5 | www.verlagruhr.de

Lebendige Buchstaben

Aktionsspiele

Thema:	für jedes beliebige Sachthema ein-setzbar oder Geografie allgemein	Klasse:	5–10

Thema: für jedes beliebige Sachthema einsetzbar oder Geografie allgemein

Ziel:
- Fachbegriffe mit Hilfe von Buchstabenkarten „schreiben"
- Teamfähigkeit trainieren
- mit Zeitdruck umgehen

Klasse: 5–10

Dauer: beliebig ausdehnbar

Teilnehmer: ganze Klasse, in zwei Gruppen

Material: Buchstabenkärtchen (8-mal das Alphabet)

Beschreibung

Hier soll mit Hilfe von Buchstabenkärtchen so schnell wie möglich ein Fachbegriff richtig geschrieben werden (z.B. um neue Begriffe einzuführen) oder die richtige Antwort auf eine Frage gegeben werden (zur Wiederholung am Ende einer Unterrichtsreihe).

Vorbereitung: Der Lehrer teilt die Klasse in zwei Gruppen ein. Jede Gruppe bekommt 4-mal die 26 Buchstaben des Alphabets ausgeteilt, welche sich auf vorbereiteten Karten befinden. Dazu einfach Buchstaben ausdrucken (ca. 6 pro DIN-A4-Seite, damit sie groß genug sind), 8-mal kopieren, auseinanderschneiden und laminieren – so können die Kärtchen immer wieder (und auch für andere Zwecke) eingesetzt werden).

Durchführung: Der Lehrer nennt einen geografischen Begriff aus dem aktuellen Unterrichtsthema, z.B. Desertifikation. Jede Gruppe versucht nun, so schnell wie möglich den Begriff mit Hilfe der Kärtchen zu schreiben – dazu nimmt je ein Schüler einen Buchstaben in die Hand, und die Schüler stellen sich nebeneinander auf, sodass der Lehrer den Begriff lesen und kontrollieren kann (Tipp: E hilft, wenn jede Gruppe einen Ordner wählt, der die Spieler mit den Buchstaben entsprechend hinstellt). Die Gruppe, die den Begriff zuerst richtig „geschrieben" hat, bekommt einen Punkt. Die Gruppe, die am Ende (nach beliebig vielen Runden) die meisten Punkte ergattert hat, hat gewonnen.

Variante

Gerade zum Wiederholen kann das Spiel auch zu einem Quiz umfunktioniert werden. Der Lehrer gibt dabei nicht einen Begriff vor, sondern stellt eine mit ein oder zwei Wörtern zu beantwortende Frage, z.B. „Wie heißt die Hauptstadt von Island?". Die Schüler müssen sich zunächst auf die Antwort einigen und diese dann „schreiben": „Reykjavík". Es sollte sichergestellt sein, dass die Buchstaben dafür ausreichen und nicht bspw. fünf „E" benötigt werden.

Reflexion

Diskutieren Sie im Anschluss an das Spiel mit Ihrer Klasse folgende Fragen:
- Wie hat euch dieses Spiel gefallen? Warum?
- Wie hat die Zusammenarbeit im Team funktioniert?

Richtig oder falsch?

Thema:	geografisches Allgemeinwissen oder jedes beliebige Sachthema
Ziel:	▶ Wissen abrufen und festigen ▶ Aussagen hinterfragen und beurteilen
Klasse:	5–13

Dauer: ca. 25 Minuten

Teilnehmer: ganze Klasse

Material: Papier und Stifte, Liste mit richtigen und falschen Behauptungen

Beschreibung

Vorbereitung: Der Lehrer überlegt sich vorab 20 bis 30 verschiedene Aussagen oder Behauptungen, die zum aktuellen Unterrichtsthema passen. Einige davon sind richtig, andere falsch (z.B. „Die Landeshauptstadt von NRW ist Bonn." → falsch; „Der Name des indonesischen Vulkans Merapi bedeutet ‚Feuerberg'." → richtig). Es können auch Schätzfragen daruntergemischt sein (z.B. „Buenos Aires hat über zwölf Millionen Einwohner." → falsch). Die Schüler bilden einen Stuhlkreis und setzen sich auf die Stühle.

Durchführung: Der Lehrer liest die erste Behauptung vor. Jeder Schüler muss nun entschieden, ob er sie für wahr oder falsch hält. Wer denkt, dass die Aussage stimmt, stellt sich hin. Wer die Behauptung für falsch hält, hockt sich vor seinen Stuhl.
Die Schüler, die mit ihrer Vermutung falsch lagen, scheiden aus und stellen sich hinter ihren Stuhl. Die anderen bleiben im Rennen und setzen sich für die nächste Frage wieder auf ihren Stuhl.
So geht es weiter, bis nur noch ein Schüler übrig bleibt. Er ist Sieger.

Variante

Die Schüler können die Behauptungen auch selbst aufstellen. Dazu wird die Klasse in zwei Gruppen geteilt, die gegeneinander spielen. Jede Gruppe formuliert zunächst gemeinsam mehrere richtige und falsche Aussagen. Gruppe B spielt dann mit den Aussagen von Gruppe A. Dabei wird gezählt, wie viele Aussagen zumindest einer von ihnen richtig bewertet, bevor auch der letzte ausscheidet. Gruppe A spielt anschließend (oder parallel dazu) mit den Behauptungen von Gruppe B und zählt ebenfalls mit. Die Gruppe, in der mehr Aussagen richtig als wahr oder falsch bewertet wurden, hat gewonnen.

Reflexion

Diskutieren Sie am Ende des Spiels mit Ihrer Klasse folgende Fragen:
- ▶ Wie hat euch das Spiel gefallen? Warum?
- ▶ Was habt ihr während des Spiels gelernt?
- ▶ Habt ihr eure Entscheidungen alleine getroffen, oder habt ihr euch davon beeinflussen lassen, ob eure Mitschüler sich hingestellt bzw. hingehockt haben?

Pantomime

Aktionsspiele

Thema:	für jedes beliebige Sachthema einsetzbar	**Dauer:**	ca. 30–45 Minuten
Ziel:	▶ geografische Begriffe pantomimisch darstellen und erraten	**Teilnehmer:**	ganze Klasse, in zwei Gruppen
		Material:	leere Karteikarten
Klasse:	5–8		

Beschreibung

Vorbereitung: Zunächst werden an jeden Schüler zwei leere Karteikarten ausgeteilt. Auf jede der beiden schreiben sie einen geografischen Begriff, der anschließend pantomimisch dargestellt und von den Mitschülern erraten werden soll.

Der Lehrer sammelt die Karten wieder ein und teilt die Klasse in zwei Gruppen. Das Los entscheidet, welche Gruppe mit der Pantomime beginnen soll, und wer jeweils der Startspieler ist.

Durchführung: Der erste Schüler der Beginner-Gruppe kommt nach vorne. Er bekommt vom Lehrer den ersten Begriff gezeigt (z.B. Vulkanausbruch) und muss diesen nun pantomimisch darstellen, d.h., er darf nur mit Gesten arbeiten, nicht aber sprechen. Bei zusammengesetzten Wörter darf mit Handzeichen angegeben werden, was Teil 1 und Teil 2 ist. Seine Gruppenmitglieder müssen versuchen, den Begriff zu erraten. Errät das Team den Begriff richtig (die Ratezeit kann hier begrenzt werden), bekommt es einen Punkt. Anschließend ist die andere Gruppe mit einem neuen Begriff an der Reihe. So geht es abwechselnd weiter, bis jeder Schüler einmal Pantomime war. Sieger ist die Gruppe, die am Ende des Spiels die meisten Punkte gesammelt hat.

Varianten

▶ Die Gruppen können auch gleichzeitig gegeneinander spielen. Immer abwechselnd stellt ein Schüler der einen oder der anderen Gruppe einen Begriff dar, und beide Gruppen dürfen mitraten. Die Gruppe, die zuerst den richtigen Begriff nennt, bekommt einen Punkt.

▶ Für komplexere Begriffe können auch Pantomimenteams gebildet werden – die Schüler dürfen sich dann kurz besprechen und den Begriff zu zweit darstellen.

Reflexion

Diskutieren Sie am Ende des Spiels mit Ihrer Klasse folgende Fragen:

▶ Wie hat euch das Spiel gefallen? Warum?

▶ Ist es euch leichter gefallen, die Begriffe zu erraten oder sie pantomimisch darzustellen?

▶ Was war besonders schwer?

Bingo!

Aktionsspiele

Thema: für jedes beliebige Sachthema einsetzbar oder Geografie allgemein	**Klasse:** 5–8
Ziel: ▶ Wissen austauschen, wiederholen und festigen	**Dauer:** ca. 30–45 Minuten
▶ Kommunikationsfähigkeit trainieren	**Teilnehmer:** ganze Klasse
▶ Mitschüler kennenlernen	**Material:** Bingovorlage (KV oder selbsterstellt) und Stifte

 ## Beschreibung

Vorbereitung: Jeder Schüler bekommt eine Bingovorlage (KV) ausgeteilt, die zuvor auf DIN-A3-Format kopiert werden sollte. Außerdem benötigt jeder Schüler einen Stift und eventuell eine Schreibunterlage (Klemmbrett o.Ä.).

Durchführung: Alle Schüler stehen auf und gehen durch die Klasse. Wann immer sie einen Mitschüler treffen, dürfen sie sich gegenseitig je eine Frage stellen. Wenn der Mitschüler die richtige Antwort weiß bzw. die Aussage auf ihn zutrifft, trägt der Fragensteller den Namen des Schülers und die Antwort auf seinem Bingofeld ein. Anschließend gehen die Schüler weiter und suchen sich für die nächste Frage wieder einen neuen Mitschüler. Natürlich darf ein Schüler seine eigene Vorlage nicht selbst ausfüllen, selbst wenn er die Antwort weiß!
Wer zuerst alle Bingofelder (oder alternativ eine vertikale, horizontale oder diagonale 4er-Reihe) ausgefüllt hat, ruft laut „Bingo!". Alle Schüler finden sich nun in einem Sitzkreis zusammen, und der Sieger liest seine Ergebnisse vor. Es werden alle Lösungen besprochen.

 ## Variante

Der Lehrer kann auch eine Bingovorlage mit zur aktuellen Unterrichtsreihe passenden Fragen selbst erstellen (z.B. „Nenne drei Vulkanarten." → Schicht-, Schild- und Spalten-vulkan). So können die Schüler den Lernstoff wiederholen und sich einprägen.

 ## Reflexion

Diskutieren Sie im Anschluss an das Spiel mit Ihrer Klasse folgende Fragen:
- Was habt ihr während des Spiels gelernt (auch über eure Mitschüler)?
- Gab es Fragen, bei denen es schwierig war, einen Schüler zu finden, der die Antwort wusste?
- Welche Themenbereiche würdet ihr gerne vertiefen?

Bingo!

Kopiervorlage: Bingofelder

Finde jemanden, der schon einmal Urlaub in Griechenland gemacht hat! Name: _____	Finde jemanden, der zehn europäische Hauptstädte nennen kann! Name: _____ Städte: _____ _____ _____ _____ _____	Finde jemanden, der ein Lied in einer anderen Sprache als Deutsch und Englisch singen kann! Name: _____ Lied: _____ _____	Finde jemanden, der ein ausländisches Gericht kochen und mindestens drei Zutaten nennen kenn, die man dafür braucht! Name: _____ Gericht: _____ Zutaten: _____ _____
Finde jemanden, der schon einmal mit einem Schiff gefahren ist! Name: _____ Wo? _____	Finde jemanden, der in einem Land Urlaub gemacht hat, in dem du noch nicht warst! Name: _____ Land: _____ _____	Finde jemanden, der schon einmal mit dem Flugzeug in den Urlaub geflogen ist! Name: _____ Wohin: _____ _____	Finde jemanden, der fünf deutsche Flüsse nennen kann! Name: _____ Flüsse: _____ _____ _____ _____ _____
Finde jemanden, der dir 5 der 16 deutschen Bundesländer auswendig nennen kann! Name: _____ Bundesländer: _____ _____ _____ _____ _____	Finde jemanden, der noch nie mit dem Flugzeug in den Urlaub geflogen ist! Name: _____	Finde jemanden, der Verwandte oder eine(n) Brieffreund(in) im Ausland hat! Name: _____	Finde jemanden, der fünf Bundesstaaten der USA nennen kann: Name: _____ Bundesstaaten: _____ _____ _____ _____
Finde jemanden, der sechs deutsche Inseln nennen kann! Name: _____ Inseln: _____ _____ _____ _____ _____	Finde jemanden, der noch nie auf einer Mittelmeerinsel war! Name: _____	Finde jemanden, der mindestens vier der sieben Weltmeere nennen kann! Name: _____ Meere: _____ _____ _____ _____	Finde jemanden, der schon einmal außerhalb Europas war! Name: _____ Land: _____

© Verlag an der Ruhr | Autorin: Katrin Minner | ISBN 978-3-8346-2281-5 | www.verlagruhr.de

Quellen und Medientipps

Literatur

Fritz, Jürgen:
Mainzer Spielekartei
Matthias-Grünewald-Verlag, 1999
ISBN 978-3-7867-1594-8

→ Diese Spielekartei umfasst 255 Spiele, die man sehr gut mit Klassengruppen spielen kann. Enthalten sind in dieser Spielekartei Kennenlernspiele, Bewegungsspiele, Sprech-, Schreib-, Malspiele, Darstellungsspiele, Selbsterfahrungsspiele, Kooperationsspiele, Wahrnehmungs- und Denkspiele. Die Spiele sind auf einzelnen Karten gut erklärt und je nach Spieltyp farbig gekennzeichnet.

Krowatschek, Dieter und Keiner, Guido:
177 x Spaß im Unterricht: Eine Auswahl lustiger, spannender, pfiffiger, kreativer Spiele für Schulklassen und Gruppen
Verlag Modernes Lernen, 2009
ISBN 978-3-86145-309-3

→ Dieses Buch enthält, wie der Titel verspricht, eine Auswahl von lustigen, spannenden, pfiffigen und kreativen Spielen für Schulklassen und Gruppen.

Meersmann, Willy (Hrsg.):
Die Fundgrube für den Erdkunde-Unterricht. Das Nachschlagewerk für jeden Tag
Cornelsen Scriptor, 1998
ISBN 978-3-589-21130-2

→ In diesem Buch findet man eine Vielzahl an Spielen, Übungen und Anregungen für den Erdkundeunterricht.

Niehl, Franz W. und Thömmes, Arthur:
212 Methoden für den Religionsunterricht
Kösel, 11. Auflage 2011
ISBN 978-3-466-36507-4

→ Dieses Buch umfasst eine Sammlung von Methoden für den Unterricht, die man auch problemlos in den Erdkundeunterricht integrieren kann. Ein Themenfeld des Buches umfasst sich mit dem Thema „Spielen im Unterricht" – hier bekommt man sehr gute Anregungen, wie man mit Schülern im Unterricht spielen kann.

Schneider, Karl-Hermann und Schneider, Renate:
Spiele für den Unterricht in den Klassen 5–7
Matthias-Grünewald-Verlag, 2000
ISBN 978-3-7867-2247-2

→ In diesem Buch finden Sie Spielvorschläge für die Fächer Deutsch, Englisch, Religion, Erdkunde, Geschichte und Mathematik.

Vankan, Leon (Hrsg.), Rohwer, Gertrude und Schuler, Stephan:
Diercke Methoden – Denken lernen mit Geographie
Westermann, 2011
ISBN 978-3-14-109720-7

→ Dieses Buch gibt einen fundierten Einblick in das „Thinking through Geography"-Konzept. Hier werden folgende Methoden vorgestellt: Der Außenseiter, Tabu, Karte im Kopf, Bilder befragen, Kategorisieren, Wo ist was möglich?, Das lebendige Diagramm, Mystery, Planen und Entscheiden, Das Wertequadrat

Quellen und Medientipps

Zeitschriften und Artikel

Praxis Geographie:
Spielend lernen – Neue Spiele für den Geographieunterricht
Westermann, Ausgabe Juli/August 2010

→ Diese Ausgabe von „Praxis Geographie" befasst sich intensiv mit dem Thema „Spiele im Erdkundeunterricht". Hier werden verschiedene Spielformen und Spielideen vorgestellt, die man sehr gut in den eigenen Unterricht integrieren kann.

Bojanowski, Axel:
Satelliten zeigen heißeste Orte der Welt
auf SpiegelOnline unter www.spiegel.de/
wissenschaft/natur/temperatur-weltkarte-satelliten-zeigen-heisseste-orte-der-welt-a-450476.html
(24.11.2006)

Boonstra, Robert:
Energizer im Geografieunterricht
in: Praxis Geographie: Spielend Lernen – Neue Spiele für den Geographieunterricht
Westermann, Ausgabe Juli/August 2010, S. 27–29

Krause, Uwe:
Von Fernsehen lernen heißt spielen lernen
in: Praxis Geographie: Spielend Lernen – Neue Spiele für den Geographieunterricht
Westermann, Ausgabe Juli/August 2010, S. 38–41

Palings, Hans:
Bevölkerung aus der süßen Tüte
in: Praxis Geographie: Spielend Lernen – Neue Spiele für den Geographieunterricht
Westermann, Ausgabe Juli/August 2010, S. 16

Vankan, Leon:
Randstad Holland
in: Diercke 360°, Das Weltatlas Magazin: Europa
Westermann, Ausgabe 1/2011, S. 6–9.

Links

www.ichwillspielen.com/quiz/Erdkunde
→ Hier können die Schüler mit verschiedenen Quiz-Angeboten ihr (meist topografisches) Wissen zu Deutschland, Europa (auch speziell EU) und der Welt testen.

Die folgenden Links führen Sie zu Seiten mit allgemeinen Spielideen, von denen sich viele auch gut für geografische Themen einsetzen lassen:

www.praxis-jugendarbeit.de
→ Diese Internetseite bietet viele Gruppenspiele, die sich auch für die Schule eignen. Es gibt verschiedene Kategorien: Spiele für drinnen, Spiele für draußen, Stadtspiele und Geländespiele, spezielle Themen für Freizeiten, Spiele mit wenig Material, Spiele zu Jahreszeiten und besonderen Anlässen, kreative Spiele, Quiz-Spiele …

www.gruppenspiele-hits.de
→ Hier findet sich eine große Auswahl von Kennenlernspielen, Vertrauensspielen, Spielen ohne Verlierer, Wort- und Sprachspielen …

www.bdkj.info/service/praxistipps-gruppenstunde/sonstige-spiele/
→ Auch auf dieser Seite findet man eine Vielfalt an verschiedenen Gruppenspielen.

www.spielefuerviele.de
→ Diese Seite bietet eine Vielzahl an Spielen, die man in einer Gruppe von Kindern, Jugendlichen aber auch mit Erwachsenen spielen kann.

www.bpb.de/lernen/unterrichten/methodik-didaktik/227/methodenkoffer
→ Auf der Internetseite der Bundeszentrale für politische Bildung finden Sie einen „Methodenkoffer", der zahlreiche spielerische Methoden für den Unterricht enthält.